Se
ele
vier

Série: Outras palavras

Projeto gráfico de capa e miolo	Isabelle Martins
Revisão	Virginia Cavalcante
Diagramação	Isabelle Martins

V658   Vieira, Janaina.

Se ele vier — / Janaina Vieira. – 2. ed. – Rio
de Janeiro : Amazon, 2018.

110 p. ; 23 cm.
ISBN 978-85-85366-032.

1. Literatura infantojuvenil brasileira. 2.
Literatura brasileira. 3. Ficção infantojuvenil
brasileira. 4. Ficção brasileira. I.Título.

CDD – 808.899282

Ficha Catalográfica elaborada por Katia Cavalheiro - CRB 7 4826

JANAINA
VIEIRA

Se
ele
vier

Prêmio Adolfo Aizen de literatura infantil e juvenil

Categoria Vida, da UBE/2002

Para todas as jovens que conhecem ou já conheceram as dificuldades da gravidez na adolescência.

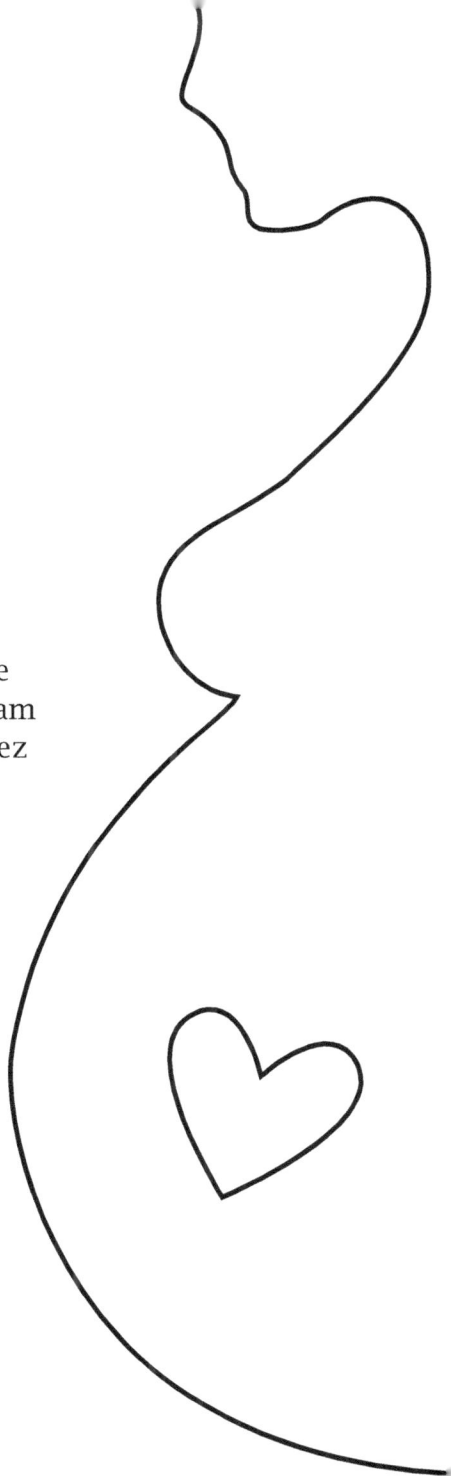

Apresentação

O mundo em que vivemos hoje não permite mais o silêncio sobre temas considerados polêmicos. É preciso encarar a vida tal e qual ela se mostra, sem disfarces ou coloridos falsos. E um dos fatos mais difíceis dos nossos dias é a incidência, cada vez maior, de jovens que se veem, desde muito cedo, carregando o peso de uma gravidez não programada.

Acredito que a vida, em todas as suas formas, é absolutamente sagrada. Portanto, o seu advento deve ser encarado com a mais absoluta seriedade e responsabilidade. Espero que este livro, por intermédio das histórias de Samara e Tatiana, seja capaz de contribuir abertamente para a discussão do problema. E para que não haja mais tantas jovens prematuramente grávidas...

Janaina Vieira

Prefácio

Posto que a modernidade se instala neste alvorecer do terceiro milênio, surge no cenário brasileiro uma nova escritora, Janaina Vieira, trazendo a público seu texto atual, contemporâneo, engajado no sistema expressional dos tempos que vivemos. O livro *Se ele vier...* conduz o leitor a caminhos abertos pelos recentes sistemas eletrônicos, num processo de comunicação ainda inédito e, por isso, extremamente absorvente.

Janaina Vieira, valendo-se dos recursos virtuais que o computador proporciona, constrói seu texto com grande sensibilidade, baseando-se na correspondência de duas jovens modernas, vivenciando a antiga questão da maternidade fora dos costumes convencionais. Suas personagens, Samara e Tatiana, relacionam-se via internet e, nessa troca de confidências, toda a problemática conceitual dos valores tradicionais é exposta, pontuando as incertezas carreadas pela sexualidade da juventude moderna, enfrentando situações impostas por uma gestação inesperada e conflituosa, visto a prevalência dos padrões e condicionamentos ainda vigentes nos dias de hoje.

Samara e Tatiana, meninas tipicamente de classe média, mal saídas da adolescência, deparam com as graves questões socioculturais determinadas pelo próprio ambiente em que vivem e tornam-se vítimas das circunstâncias, graças à postura preestabelecida de arcaicos modelos éticos, que rejeitam transgressões ou violações de regras previamente demarcadas. Meio a esse embate, emerge a figura frágil de uma pequena vida indefesa, um minúsculo embrião, ansiando pelo direito de nascer e viver. A ambas compete a difícil decisão de escolher entre as facilidades de um futuro já antevisto, ou a aceitação de uma realidade que se apresenta incerta, complexa, insegura e duvidosa.

Se ele vier... é um alerta às novas e velhas gerações, mostrando que o confronto de ideias pode traduzir-se em costumes mais condizentes com a era em que vivemos, afogando no limbo antigos tabus e princípios, trazendo à luz o desenho de uma sociedade mais humana, mas compatível com os atuais conceitos de liberdade social.

Um belo livro, uma excelente escritora.

Clair de Mattos
(*In memorian*)

Clair de Mattos

Clair Carneiro de Mattos Santos (1939 – 2017) nasceu no Rio de Janeiro, Brasil. Aos 18 anos, casou-se com Délio Aloísio de Mattos Santos. Nos primeiros anos de seu casamento dedicou-se integralmente aos filhos e à família. Nesse período, estudou Artes plásticas, Literatura e Mitologia Grega.

Em 1979, escreveu seu primeiro romance, intitulado **A volta do tempo**. No ano seguinte, inscreveu a obra em um concurso literário destinado a novos autores e saiu vencedora, recebendo o prêmio Fernando Chinaglia de Escritor Revelação.

Depois disso, Clair realmente iniciou sua carreira como escritora. Escreveu vários romances, contos e poesias, todos muito bem recebidos pela crítica e pelo grande público. Várias de suas obras foram premiadas por importantes instituições, como a Academia Brasileira de Letras, que concedeu a **Mosaico em branco e preto**, livro de contos de sua autoria, o prêmio ABL de Ficção em 2000. Clair de Mattos é considerada, sem dúvida, uma das mais representativas e talentosas escritoras do moderno romance brasileiro.

No momento em que uma criança nasce, a
mãe também nasce. Ela nunca existiu antes.
A mulher existia, mas a mãe, nunca.
Uma mãe é algo absolutamente novo.

(Rajneesh)

Minha mãe era a mulher mais bonita que já vi.
Tudo o que eu sou, devo à minha mãe. Atribuo
todo o meu sucesso na vida à educação moral,
intelectual e física que recebi dela.

(George Washington)

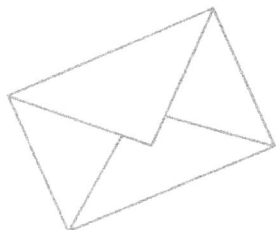

Prólogo
Me dê notícias do mundo de lá...

— Tati, vou sentir sua falta. Ah, que ideia essa do meu pai...

— Mas ele não tem culpa. É por causa do trabalho, Samara.

— Eu sei, eu sei. Mas fico com raiva mesmo assim. Como é que vai ser agora? Vou ficar branca feito um fantasma, com problemas crônicos de pulmão e completamente neurótica com o trânsito!

— Pô, que exagero!

— Porque não é com você, Tati.

— O máximo que poderá acontecer é você começar a falar "ô louco, meu", "uma puta situação" e outras coisas típicas de São Paulo.

— Isso já é suficiente pra eu me desesperar, nem fala. Ah, meu Deus! Até parece um castigo.

— Para com isso, Samara! Não é o fim do mundo e nem vai ser pra sempre. Um ano, só um ano.

— Uma eternidade! Já estou com saudades daquele nosso cantinho do Recreio, da praia logo ali... Lá, pelo que vejo, é uma operação de guerra! Enfrentar engarrafamentos tenebrosos... coisa que, pra gente, aqui, é coisa mesmo de outro planeta.

— Olha, Samara, sempre que eu puder vou te visitar. Não esquenta, ok? Prometo que vou. E você também pode vir pra cá, sempre que quiser.

— Mas você vai viajar nessas férias, enquanto eu vou... mudar pra São Paulo!

— Credo, que cara de nojo! Olha, assim que eu chegar a gente começa a se falar todo dia, prometo.

— Não vai me esquecer? Não vai tirar o meu e-mail da sua lista?

— Claro que não, sua boba! Você é a minha melhor amiga. E pare de ficar se lamentando tanto porque, em São Paulo, você vai ter acesso aos melhores desfiles, aos melhores produtos, a tudo que tem de mais novo no país, filhinha!

— Você diz isso só pra me consolar... Se essa tragédia estivesse acontecendo com você, duvido que ia conseguir enxergar uma única coisa boa naquela cidade! Imagina só: concreto por todo lado, poluição e mais poluição, engarrafamento o dia todo, praia a quilômetros de distância, uma gente esquisita, com aquele sotaque caipira... e que, ainda por cima, detesta carioca!

— Olha, Samara, se você ficar enxergando tudo assim tão negro, vai ser muito mais difícil morar lá.

— É... eu sei... Mas é que não consigo mesmo me conformar, Tati.

— São apenas 400 quilômetros... e de avião, meia hora.

— É. Mas resta saber se meu pai vai me dar a grana pra vir de avião.

— Ah, acho que sim.

— Mas... todos os finais de semana? Duvido muito!

— É, todo final de semana também duvido. Mas, uma vez por mês, tenho certeza que ele vai dar.

— Amiga, não deixe as pessoas me esquecerem, tá?

— Pode deixar, Sam, pode deixar.

— E, por favor, nem toque no nome do Flavinho, senão eu vou mesmo começar a chorar.

— Esquece, vai...

— E faça-me o favor de voltar logo dessa viagem.

— Tudo bem. Mas me dá um abraço, Sam. Vou morrer de saudades! Puxa, vou mesmo...

— Eu também... a gente se fala, né?

— A gente se fala, Sam...

Samara pensa...

Acho que estou vivendo a minha primeira dificuldade. Agora, prestes a ir morar em uma cidade tão... tão... estranha como São Paulo, eu gostaria de já ter 18 anos e poder decidir a minha vida por mim mesma. Ah, sair do Rio nunca passou pela minha cabeça! Só agora percebo que nunca dei valor à minha cidade, talvez porque nunca morei em outro lugar. Dizem que a gente só dá valor a alguma coisa quando a perdemos, e estou descobrindo que é verdade. Nunca prestei tanta atenção no pôr do sol, na cor azul do mar de Copacabana, no cheiro de verão que o Rio tem quase que o ano todo! O calor enfurecido, que sempre me incomodou tanto, hoje é o que mais desejo...

Quando penso em São Paulo, penso em uma cidade cinzenta, fria, desprovida de charme e de beleza. Como será que os paulistas fazem quando recebem visitas? Aonde eles levam as pessoas e para ver o quê??? Não tem nada de interessante por lá!

E meu pai, sempre ocupado com trabalho, trabalho, trabalho... Como sempre, ele não quer nem saber o que eu penso sobre isso, ou sobre como me sinto. Minha mãe? Ah, claro: ela está sonhando como os shoppings de luxo e as lojas de São Paulo. Ela não sabe pensar em outra coisa.

E eu, onde fico nisso tudo? Será que eles dois se lembram que eu existo? Será que percebem a minha existência? Será que se importam?

A ideia deles é ficar em São Paulo por dois anos. Hum... Ficarei dois anos sozinha, sem namorar ninguém? Porque arrumar um namorado paulista, sempre pálido, com sotaque caipira e com cara de nerd, é o mesmo que destruir para sempre a reputação de uma carioca típica como eu!

Ai, meu Deus! Por que a vida é assim tão malvada comigo? O que foi que eu fiz para merecer isso? A Tati é que é feliz: o pai dela não é um alto executivo de uma multinacional, e por isso não precisa aceitar propostas "irrecusáveis". Acho que vou chorar...

Tatiana pensa...

Coitada da minha amiga... Ter que morar em São Paulo é um castigo! Mas ela vai ficar bem, o tempo passa rápido. Bem, talvez não tão rápido. O pior, na verdade, é... TUDO! Deixar o colégio para trás, os amigos, a praia, o calor do Rio, o carnaval, as festas... Coitada, vai ser difícil. Mas eu não posso dizer isso pra ela, claro que não. Se eu disser, vai ser pior.

Mas, por outro lado, ela não deveria reclamar tanto da vida. O pai dela tem uma situação ótima, ganha muito bem, ela pode ter tudo que quiser, ainda mais sendo filha única. E eu, que preciso dividir um único microcomputador com meus irmãos mais velhos, que são uns tiranos? Eu não posso comprar todas as roupas na moda, não posso viajar para lugares legais quando quero, não posso comprar os perfumes importados divinos que gosto. Se ela quiser, pode vir ao Rio sempre, de avião, o pai dela pode pagar. Os meus, não. O que os meus pais podem fazer é me manter em um ótimo colégio, claro. Sim, isso é muito bom, eu adoro. Mas, e o resto?

Eu queria tanto estudar nos Estados Unidos ou na Inglaterra! Queria dar a volta ao mundo de navio, queria ter um apartamento em Nova York... Será que é sonhar demais? A vida nunca dá tudo para uma única pessoa, já sei disso. Eu nem me importaria de ir morar em São Paulo, acho que seria uma ótima experiência. Ainda mais com dinheiro à vontade para fazer o que eu quisesse! E como a mãe dela é uma grande gastadora, que conhece e tem as melhores marcas, nossa, seria uma festa pra mim!

Mas, essa não é a minha realidade. O que eu posso fazer? Aceitar a minha vida, que pra falar a verdade é bem sem graça. Olho em volta de mim e não vejo perspectivas, não vejo nada de novo que valha a pena. Nada! E nem namorado eu tenho... Mesmo que fosse um paulista nerd, não importa. O que não é certo é ficar sozinha, sempre sozinha, tão sozinha. E agora não tenho nem mesmo a presença da Sam pra me dar colo. Acho que vou chorar...

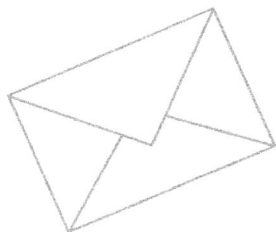

Capítulo 1

Para: tatianam@popstar.com.br
De: Samara Lopes Cândido
Assunto: Já estou com saudades

Tati, esta já é a terceira mensagem que envio e vc não responde. Será que ainda está viajando? Se estiver, sorte a sua, porque eu estou aqui, já curtindo um friozinho tão estranho, tão fora de época, que nem dá pra acreditar. Parece que estou em outro país. Acho que, nem se eu estivesse morando em Salvador ou João Pessoa, estaria achando tudo tão estranho. Mas vê se chega logo, vai. Não estou aguentando essa solidão.

Beijos,
Sam

Para: tatianam@popstar.com.br
De: Samara Lopes Cândido
Assunto: Já estou com saudades II

Tati, acho que vc ainda não chegou mesmo, mas resolvi ir escrevendo algumas coisas pra economizar tempo. Olha, acho que eu nunca vou gostar disso aqui. Vc não imagina o que é morar em São Paulo. Cara, é o fim de todas as picadas, com certeza. Primeiro: o sol não gosta daqui, de jeito nenhum. São

Paulo e sol não combinam, mas São Paulo e nuvens cinzentas sim! A coisa mais difícil é o sol se aguentar por um dia inteiro no céu. Acho que ele tem vergonha de olhar pra tanto prédio. Aí, quando a tarde chega, ele some de vez e a chuva cai. Mas não é como a chuva do Rio, que cai de uma vez e, quando vai embora, deixa o céu limpo e lindo. Não, de jeito nenhum. Chuva por aqui é coisa séria e dura horas. No mínimo uma hora e meia, sem exagero. Vc não suportaria, amiga!

Sobre o trânsito... sinceramente acho que nem vou falar porque vc iria achar exagero! Acredite se quiser: a qualquer hora do dia ou da noite as avenidas estão paradas, no máximo se arrastando feito uma enorme lagartixa preguiçosa. Um horror! Minha mãe acha isso aqui o máximo, diz que se sente quase em Nova York. Credo! Mau gosto tem limite. Vou escrever até vc chegar, ok? Assim, teremos bastante coisas pra comentar em seguida.

Beijão,
Sam

Para: tatianam@popstar.com.br
De: Samara Lopes Cândido
Assunto: Já estou com (muitas) saudades III

Tati, na semana que vem as aulas vão começar e eu estou morrendo de medo! Claro que o pessoal daqui é diferente, mas eu nem imagino como eles são! Sabe quando bate aquela insegurança, aquele medo de pagar mico? Ainda mais que eles detestam os cariocas do mesmo jeito que a gente detesta os paulistas, mas aqui eu estou em território inimigo, minha amiga! Isso é sério! Vê se chega logo, Tati, pelo amor de Deus!

Beijos,
Sam

Para: samcandido@blueline.com.br
De: Tatiana Mendes Silva
Assunto: Já estou de volta!

Sam, puxa, senti muito a sua falta! Lembra quando a gente foi pro sítio, em outubro? Pois eu fiquei vendo vc o tempo todo por ali e não consegui achar graça em nada. Juro que queria muito te animar e todas as coisas que eu disse antes da sua mudança eram de verdade. E eu estou sentindo a sua falta, estou mesmo! Mas não vamos falar de tristezas, ok? Preciso aproveitar o tempo no computador, antes que meus irmãos cheguem. Estou louca para ter um só meu, pra não ficar escrevendo com pressa, mas vc sabe que as coisas aqui em casa são mais complicadas do que na sua.

Adorei receber suas mensagens, pena que as notícias não eram tão boas, amiga! Imagino que deve ser difícil mesmo se acostumar, tudo é muito diferente daqui. Mas vc precisa ter paciência, Sam. Muita paciência mesmo. Ah, o Flavinho perguntou por vc. Eu disse que vc está ótima, super feliz etc. Não vou entregar nada, fique tranquila. Imagina se a Renata descobre que vc não está legal... Deus me livre! Ela vai soltar fogos, do alto da pedra da Gávea.

Depois quero saber de tudo sobre seu novo colégio. Mas, não abaixe a cabeça, viu? Mostre-se superior, em tudo, tudo mesmo. E assuma sua carioquice, Sam, com todo orgulho possível.

Mil beijos no seu coração,
Tati

Para: tatianam@popstar.com.br
De: Samara Lopes Cândido
Assunto: Aulas? Não quero!

Tati, as aulas vão começar amanhã. Olha, eu juro que estou me esforçando pra não lembrar do Rio o tempo todo, mas tá difícil. Até dei uma olhada nos jornais daqui, pra tentar me inteirar do que rola na cidade, mas não me interesso por nada. Às vezes me pego buscando notícias do Rio e sinto falta até daquele cheiro horrível da Lagoa Rodrigo de Feitas quando os peixes morrem. Tadinha de mim, Tati, tadinha de mim... Me sinto tão ridícula, vc nem imagina!

Sam

Para: tatianam@popstar.com.br
De: Samara Lopes Cândido
Assunto: Odeio este colégio

HOJE TEVE INÍCIO O MEU SUPLÍCIO! ELES VÃO FAZER TUDO PRA ME DESTRUIR, ESTEJA CERTA!
Minha amiga, a pior experiência do mundo é um adolescente carioca que inicia sua vida em São Paulo. Nós estamos morando no Itaim Bibi (vê se isso é nome de bairro!) e a minha escola fica na Cidade Jardim, um bairro próximo que, segundo os padrões daqui, é um bairro chique. Tudo bem, até que a Avenida Cidade Jardim é interessante, mas não dá pra comparar...
Voltando ao que interessa: eles foram horríveis comigo. Já na apresentação, aquelas paulistas do cacete começaram a rir do meu jeito de falar. Não consigo entender que graça tem é o jeito deles, parece que vivem com uma batata na boca, coisa mais esquisita! O problema todo é o nosso "s", que falamos como som de "x". E, em segundo lugar, o "r", que nós falamos

esticado. Na verdade, esse é o charme do nosso sotaque, vc não acha? É meio francês. O problema é que, em São Paulo, carioca não tem vez, pra nada. Detalhe: todos eles são BRAN-COS, MAS MUITO BRANCOS, COR DE LENÇOL LAVADO COM OMO TRIPLA AÇÃO. Também, pudera, a praia deles fica a sei lá quantos quilômetros daqui! Olha, tive vontade de morrer! Os professores que conheci hoje foram muito gentis e tentaram me deixar à vontade, claro, mas a turma que eu peguei é dura na queda. Me senti muito sozinha, Tati. Os caras bem que me olharam, sabe? Mas não vi ninguém interessante. Aliás, uns 30% dos alunos são japoneses (nissei, né?) e eu te juro que nunca vi tanto japonês, chinês e coreano como aqui. Não dá pra acreditar, Tati, eles estão em toda parte. Estou em outro planeta, minha amiga.

Beijos!

Para: samcandido@blueline.com.br
De: Tatiana Mendes Silva
Assunto: Colégio sim!

Sam, vê se não desanima, vai! Pelo menos vc está tendo a oportunidade de fazer novos amigos. Pense nisso. Duvido muito que, depois que eles te conhecerem um pouco, fiquem assim tão distantes. Vc é super bonita, super simpática, super alto astral, super engraçada (quando quer)... Acho que essa fase é passageira, vc vai ver.
Aqui no colégio, o ano começou sem grandes novidades. A Renata, claro, está se sentindo a rainha das rainhas e muita gente fica em cima dela. Como vc não está aqui, ela está tentando ocupar todos os seus espaços. Mas vai ser difícil, amiga, ela não tem a sua força. Além do mais, é interesseira e falsa. Está tentando se aproximar de mim, mas eu saio fora sempre que dou de cara com ela. Não tô a fim de manter amizade com uma

pessoa que nem ela, que não tem nada a ver comigo.

Sabe quem andou me dando umas olhadas FULMINANTES? O Alex, do 3o ano. Sam, ele está muito gato! Não sei o que ele fez nas férias, mas está LINDO, quase tive um troço. Vc acha que dá pé? Responda logo!

Tati

Para: tatianam@popstar.com.br
De: Samara Lopes Cândido
Assunto: Boa Sorte Mesmo!

Tati, vai fundo, amiga! Mas ele deve mesmo ter se transformado, porque, pelo que me lembro, ele era um nada, um zero à esquerda. O que foi que ele fez? Tomou anabolizantes? Fez plástica? Peeling, pra tirar aquelas espinhas? Não fique chateada, vc sabe que eu sempre falo o que penso. Se ele está lindo assim, vá em frente, antes que outra chegue primeiro.

Minha vidinha por aqui vai do mesmo jeito. A pior hora do dia é ir à aula e suportar, durante horas, a indiferença deles comigo. Continuam me ignorando e eu ainda não fiz amigos. Sinto muita saudade de vocês, de tudo, até da Renata, acredita? Pelo menos, a nossa rivalidade era um estímulo para a minha vida.

Até.
Sam

Para: samcandido@blueline.com.br
De: Tatiana Mendes Silva
Assunto: Alegria sim, baixo astral não

Sam, saia desse baixo astral, pelo amor de Deus! Não suporto saber que vc está assim e que eu não posso fazer nada de concreto pra te ajudar. Não fiquei chateada pelos comentários que vc fez sobre o Alex. Ele era feio mesmo, mas mudou. Ainda tem um pouco daquelas marcas no rosto, mas está malhando (tenho certeza), se vestindo de outro jeito e super bronzeado. Olha, eu estou começando a considerar a hipótese de investir nele. Até a Renata já percebeu o Novo Alex, sabe? Mais um motivo pra eu ir em frente.

Beijos,
Tati

Para: tatianam@popstar.com.br
De: Samara Lopes Cândido
Assunto: Amiga solitária (snif, snif...)

Amiga, nunca me senti tão sozinha como agora. Meu pai, como sempre, só viaja. Quando está em São Paulo, sai tarde daquelas benditas reuniões. Mamãe descobriu uma grande felicidade: os shoppings! Vive no Shopping Iguatemi, que é chiquérrimo. Sou obrigada a reconhecer que não dá pra comparar com os do Rio. Só com o Rio Sul, talvez. Mas shopping aqui é coisa que tem em cada esquina. Fui com ela algumas vezes e comprei umas coisinhas: uns cremes, uns batons, uns perfumes. Mas roupas... ainda não me situei aqui, tudo é muito diferente, sabe? Primeiro, porque o clima é outro. Não é como no Rio, que sempre tem aquela cara de verão ou de primavera. Aqui, parece que é sempre outono ou inverno, sei lá. As pessoas se vestem de outra maneira, estou muito perdida. Na dúvida, uso muito jeans e tento acompanhar o pessoal do colégio. Mas se eu for sair à noite, nem sei como vai ser!

Tem um cara, da 3a série, que anda meio na minha cola. Não sei o nome dele. Ele é moreno (o cabelo é castanho escuro, não é moreno de cor porque aqui não tem isso), alto, tem um jeito meio nerd de ser, mas parece interessante. Não sei se algo vai rolar, mas estou na expectativa. Qualquer acontecimento torna-se uma festa pra mim, vc bem pode imaginar.

Até.

Para: samcandido@blueline.com.br
De: Tatiana Mendes Silva
Assunto: Um possível Amor

Sam, minha amigona! O Alex abriu a boca! Chegou perto e soltou o verbo! Ele gaguejou um pouco, mas se saiu muito bem. A Renata bem que estava olhando a gente, de longe. Por isso mesmo fiz questão até de fazer um carinho no cabelo dele, só pra ela ver. Quem sabe assim ela pode descobrir que não é irresistível? Vamos sair no sábado. Juro que conto tudo.

Ah, parabéns pelo seu nerd! Acho que vai ser muito bom pra vc, principalmente porque vc vai ter chance, através dele, de quebrar o gelo com o pessoal do colégio.

Beijos mil!

Para: tatianam@popstar.com.br
De: Samara Lopes Cândido
Assunto: Um chops e dois pastel x Dois chpx e doix paxtéis

Tati, não acredito no jeito de falar desse povo! Imagine que eles não falam, por exemplo, "amigo oculto", mas "amigo secreto". Em vez de "segundo grau", falam "colegial". Em vez de "sinal", usam "farol" e até "semáforo". Em vez de "minha turma", dizem "minha classe", em vez de "ficar de porre", dizem "ficar de fogo!". Umas coisas tão cafonas, que eu nem sei. Nunca vou conseguir falar desse jeito. Ah, tem outras coisas: um cara xarope = um cara chato. Um cara horácio = um cara bobão. Um cara laranja = aquilo que vc já sabe, mas muito mais comum por aqui. Outra coisa super estranha: se eu perguntar a vc — como é que eu coloco esse quadro na parede? Assim (em pé), ou assim (deitado)? No Rio, vc me diz: assim (em pé), ou assim (deitado), etc. Aqui não. Aqui eles dizem: de assim, ou de assado. De assim (em pé), ou de assim (deitado). Pode isso? Que coisa!
O nerd está se aproximando, mas ontem e hoje eu estou mal mesmo, nem pensei muito nele. Soltei um "quatrocentox" na aula e o povo veio abaixo. Qualquer dia vão me apelidar de chaleira. Nunca tinha reparado como a gente fala mesmo com som de "X". Olha só: cexta, revixta, baxquete, coisax, bandejax. E por aí vai. Juro que me sinto meio ridícula, mas eles não são menos. Tem gente que não sabe o que é plural. Aí, a gente só ouve "os cara", "os carro", "as bola", "os time", "as menina"... se eu ficar aqui por muito tempo, vou acabar me deseducando, Tati.

Beijo. Beijo.

Para: samcandido@blueline.com.br
De: Tatiana Mendes Silva
Assunto: Amor possível mexmo

Sam, saí com o Alex. Olha, eu nunca pensei que ele fosse tão absolutamente DIVINO. A gente não deve mesmo julgar o livro pela capa, sabe? Ele é muito inteligente, uma super cabeça. Fomos ao cinema e assistimos Black Swan. Muito demais o filme! Eu gostei. Depois, ele sugeriu (meio sem graça) irmos até a praia. Ele curte ficar olhando o mar, essas coisas. Eu também, mas nunca havia visto a praia "com esses olhos". Ele me perguntou se eu estava a fim de ir a um barzinho mesmo ou se preferia ficar num quiosque. Pensei rápido e escolhi o quiosque. Ele gostou muito e a noite foi simplesmente fantástica. Falamos de mil assuntos, eu me peguei contando a ele coisas minhas, que nunca disse a nenhum cara antes. Nada demais, mas sabe aquelas coisas que mulher pensa e que homem acha ridículo? Pois ele riu, sem ironia, curtiu demais o meu jeito de ser. Acho que tô envolvida pelo Alex, quem diria?
E as suas aventuras aí, hem amiga? Olha, juro que vai ser muito engraçado se vc suprimir todos os plurais da sua vida.

Beijos.
Tati

Para: tatianam@popstar.com.br
De: Samara Lopes Cândido
Assunto: Confiança

Tati, espero que vc nunca ouse contar ao seu Super Alex os segredos da minha vida! Por favor!

Sam

Para: samcandido@blueline.com.br
De: Tatiana Mendes Silva
Assunto: Segredos são segredos, Sam!

Puxa vida, Sam! Eu nunca faria isso. Contei coisas minhas, nada a ver com vc. Que saco! Será que essa maldita terra tá te deixando assim tão mal humorada?

Tati

Para: tatianam@popstar.com.br
De: Samara Lopes Cândido
Assunto: Medo de perda

Tati, me desculpa, por favor. Sei que ando muito chata, mas é que, quando vc contou que está quase namorando o Alex, eu achei que a gente ia parar de se corresponder. Sabe como é, namorado acaba afastando a gente das amigas. Ainda mais comigo aqui, tão longe. Desculpa, ok?

Beijão.

Para: samcandido@blueline.com.br
De: Tatiana Mendes Silva
Assunto: Não precisa ter medo!

Samara, minha melhor amiga!
Nunca sinta esse medo porque eu NUNCA vou deixar de mandar e-mail para vc. Fique tranquila. Sei que deve ser muito barra ficar tão sozinha como vc está. Mas, pelo menos, vc tem aqui a sua amiga, pro que der e vier. Quando é que vc vem pro Rio? Já tá demorando muito. Tô com saudade.

Tati

Para: tatianam@popstar.com.br
De: Samara Lopes Cândido
Assunto: Conheci um Nerd

Tati, também tô com saudades, mas só vou poder viajar daqui a 15 dias. Minha mãe quer ir comigo pra visitar meus avós. Ela acha besteira eu ir sozinha. Olha, eu nem discuti porque sou sempre voto vencido. A gente espera um pouco mais, né?

Descobri o nome do meu nerd: Eduardo. Ainda bem que é um nome que eu gosto. Ele finalmente conseguiu chegar perto. Juro que eu nem esperava muita coisa, mas até que gostei do papo. Claro que ele tem aquele inconfundível sotaque paulistês, mas pelo menos ele é paulistano, nasceu em São Paulo mesmo e não no interior. Já pensou? Como é que eu ia poder apresentar meu namorado aí no Rio se ele tivesse nascido no interior de SP e falasse caRne, poRta, maR e outras coisas do tipo? Nem pensar! Mas acho que a sorte está do meu lado. E eu nem tenho pensando no Flavinho. Aliás, como vai ele? Ah, tive uma ótima idéia: e se vc instalasse uma web cam no seu micro? A gente poderia conversar melhor, vendo as nossas caras! Tô muito a fim de testar.

Beijos.

Para: samcandido@blueline.com.br
De: Tatiana Mendes Silva
Assunto: Micro compartilhado (demais)

Sam, adorei sua ideia sobre a web cam, mas acho que aqui vai ser complicado. Na verdade, meu irmão (o Paulo), que se sente o verdadeiro dono do computador, já instalou uma e agora a única coisa que ele sabe fazer é ficar horas brigando com a Luciana via mundo virtual. Vai ser muito duro eu ter o meu próprio espaço nisso, minha amiga. Eles (o Paulo, o Rogério e o Duda) jamais vão me deixar navegar além do mínimo tempo necessário. Reclamei com papai, mas ele disse que agora não dá mesmo pra comprar outro PC. E mesmo que compre, não vai ser só pra mim. Claro que eu vou ter que dividir com um deles. É duro, mas é a realidade daqui de casa. Vamos ter que nos contentar com meros e-mails.

O Flavinho parece bem, mas não perguntou mais por vc. Sabe quem anda dando em cima dele? A Suzy Helena, aquela que não suporta ser chamada também de Helena. Bem, não vou chamá-la de Suzy porque o nome dela é Suzy Helena. Bem, ela está partindo pra cima dele com tudo. Acho que a única chance que ela tem é o tamanho da bunda, que hoje mudou de nome e virou tchan. Mas não sei se o Flavinho tem competência pra encarar aquele tchan. O futuro dirá.

Então, o seu nerd atacou! Muito legal! Adorei! Não me decepcione, amiga. Mostre a ele e a todos do que são capazes as cariocas. Vá em frente. Meu Super Alex tá demais, a cada dia descubro coisas melhores nele. Acho incrível ele não ter ficado com muitas meninas lá do colégio. Vc sabe que eu não suporto homem galinha! Ainda bem que, isso, eu não posso mesmo falar dele.

Beijos.

Para: tatianam@popstar.com.br
De: Samara Lopes Cândido
Assunto: Super Alex e Super Du

Minha amiga, nem lembro mais do Flavinho. Que ele se entenda com a Suzy Helena, aquela mala, aquela "Raimunda", aquele protótipo de celulite. Estou é muito interessada no meu nerd. Ontem ele me convidou para irmos ao cinema. Imitei vc e disse que queria assistir Black Swan. ADOREI! Ele é muito diferente dos caras que eu já conheci. Parece ser mais amadurecido. Os pais dele são divorciados e ele mora com a mãe, mas vê o pai sempre. Diz que os pais continuaram amigos, coisa difícil hoje em dia, não?

O mais legal é que ele não dá a menor importância a essa história de rivalidade entre Rio e São Paulo. Acha tudo besteira, palhaçada. Conversamos muito e eu acho que estamos com sorte, eu e você, porque o Super Alex e o Super Du são super cabeças, que vieram para os nossos braços, né amiga? Mas a gente merece!

Ele é um super internauta, Tati! Conhece tudo de software, hardware, web, MP-3, todas essas coisas de internet. Estou, assim, MARAVILHADA com este homem! Nunca pensei que encontraria uma joia assim em SP! Já estou até vendo a cidade com outros olhos. Ainda não vejo beleza em SP, mas comecei a me esforçar.

Sobre o seu problema com o micro, juro que, se eu pudesse, te daria um note book de presente, minha amiga. Mas se vc não pode usar a cam, paciência. Já fico feliz por termos esse contato quase todos os dias. Te adoro, viu?

Beijos,
Sam

Para: samcandido@blueline.com.br
De: Tatiana Mendes Silva
Assunto: Mucho caliente...

___

Sabe, Sam, no último fim de semana as coisas começaram a esquentar. O Alex tem um jeito... assim... tão envolvente de fazer carinho que, quando eu vi... Calma, não aconteceu nada, mas ele me tirou do sério. O mais incrível é que ele não fala nada, mas me olha de um jeito! Parece que tem uma fogueira no olhar e eu fico imaginando como vai ser se eu me jogar nessa fogueira. Ai, ando meio esquisita, só penso nele, o tempo todo. Depois do último final de semana, então! Que mãos! Que jeito de pegar em mim, parece que quer me engolir. E o pior é que eu gosto! Nunca pensei que pudesse ficar assim, meio imbecil, meio idiota, meio sei lá o quê!

Para: tatianam@popstar.com.br
De: Samara Lopes Cândido
Assunto: O Super Du é D+!!!!!!!!!!!

Tati, o Super Du é mais devagar do que o Super Alex. Acho que os paulistas são diferentes dos cariocas, em tudo. Mas eu gosto desse ritmo dele. Nem tudo é sexo, né amiga? Mas eu não estou te criticando, por favor!
O Du me levou num lugar muito legal. É aqui mesmo, no Itaim, bem perto da Faria Lima. Desculpe, vc não conhece. A Faria Lima é uma das avenidas mais interessantes de SP, é um lugar de muito agito. O lugar é demais, parece uma nave espacial, é incrível. Sabe, depois eu descobri que ele não curte muito esse tipo de lugar, mas queria que eu conhecesse. Acho que ele quer é me impressionar. Vive me mostrando a cidade, falando das maravilhas da terra da garoa. Eu ainda não me acostumei, claro, mas reconheço que tudo que se fala da noite paulistana é verdade. Tati, vc não pode imaginar como, em cada esquina, tem um agito diferente, para todos os gostos. A cidade, à noite, é uma beleza. O Du me levou (olha só!) pra um passeio, a pé, no viaduto da 23 de Maio. Bem, a 23 de Maio é uma das avenidas I M E N S A S que têm nessa cidade. Se vc olhar para as vias, do alto do viaduto do Paraíso (é um bairro), dá pra ver os carros indo e vindo e, ao fundo, a geografia dos edifícios iluminados. É um show!
Acho que, pela primeira vez, desde que cheguei aqui, posso dizer que tô feliz.

Beijos,
Sam

Para: samcandido@popstar.com.br
De: Tatiana Mendes Silva
Assunto: Samara e os viadutos? Que é isso???

Olha, Sam, eu fico feliz de vc estar feliz. Mas essa história de ficar em cima do viaduto, olhando os carros passando lá embaixo... admirando a iluminação da cidade... olha, isso é coisa de paulista, minha amiga! Por favor, cuidado, não se deixe contaminar! Vc só vai ficar um ano, Samara! Um ano! Passa rápido e logo, logo, vc vai estar de volta à nossa cidade de verdade, à nossa praia, ao nosso céu azul, à nossa Barra da Tijuca, ao nosso Barra Shopping! Eu e o Alex vamos viajar no próximo sábado. Vamos passar o fim de semana na casa de praia dos pais da Andréia, em Búzios. Vai ter bastante gente por lá, vai ser legal. Te cuida, hein? Na segunda a gente se fala. Também te adoro, viu amiga?

Para: tatianam@popstar.com.br
De: Samara Lopes Cândido
Assunto: Ainda amo o Rio, Tati

Tati, vc não precisa se preocupar, eu não vou deixar jamais de amar o Rio, a minha cidade querida! O meu sol, a minha praia, a minha Barra são insubstituíveis. Mas eu tô curtindo SP, o Du tem me mostrado muita coisa. Hoje cedo fomos ao Masp. O Masp é um dos museus mais cheios de agito desta cidade. Vi tudo, olhei todos os quadros, as exposições, toda aquela arte. Sabe, eu nunca havia me preocupado com essas coisas antes. Aqui em SP as pessoas são muito mais ligadas nisso, pode crer. Mamãe, quando diz que se sente mais perto de Nova York, tem lá suas razões. Mas não fique enciumada, ok? E me conte como foi o seu fim de semana em Búzios. ADORO Búzios, amiga! Aquilo lá é muito lindo.

Sam

Tatiana pensa...

Eu nunca imaginei que o amor fosse... assim tão forte. Ah, Deus, estou apaixonada de verdade, pela primeira vez na minha vida! O Alex é muito mais do que qualquer coisa que eu imaginei. E o que eu imaginava? Não sei mais... O que eu sei é que ele é muito melhor do que qualquer outro. Por que eu não percebi isso antes? Será que é porque ele era um pouco feio? Talvez. Acho que ele era uma flor em botão, que desabrochou para mim. Somente para mim... Lindo!

O que eu sinto no meu coração é que não vamos nos separar nunca mais. Eu sinto isso, de verdade. Mas eu sempre achei que os casais não deveriam se separar. Divórcio não deveria existir, não mesmo. Porque se as pessoas se apaixonam hoje, como é que podem não se amar mais amanhã? Eu acho que isso é falta de sentimento verdadeiro, é não levar a sério a emoção e o compromisso. Porque amar alguém é um compromisso que se assume, de corpo, de alma e de coração! Ora! Além disso, os meus pais nunca se separaram, apesar dos problemas. Então, eu não tive esse exemplo, não sei o que é uma família partida ao meio. Pensando bem, acho que muitos casais se separam porque não levam a sério a relação. Porque se existe amor, todo o resto é simples. Quando existe amor de verdade, nada é problema. Tudo é solução. Estou muito feliz!

Samara pensa...

Será que a paixão faz a gente ver o mundo com óculos cor-de-rosa? Será que estou começando a simpatizar com São Paulo somente por causa do Eduardo? Eu já estou ate gostando desse engarrafamento infernal! De vez em quando me sinto... Ah, como se já conhecesse bem a cidade, e tudo por causa dele. Só por causa dele.

Quero que ele conheça o Rio de Janeiro. Quero mostrar a ele como a minha cidade é bonita. Vou levá-lo a todas as praias, parques, cinemas, teatros e lugares de agito. Ele vai adorar!

Mas o que está me preocupando é... Ai, nem gosto de pensar nisso, mas a verdade é que as loucuras da minha mãe nunca me interessaram. Até agora. Vou ter que pedir a ela que me ajude a escolher uma roupa maravilhosa... Quero cortar o cabelo, fazer uma massagem divina para ficar com a pele macia. Quero ficar tão bem-vestida como essas paulistas metidas! Nossa, como elas são chiques... Eu nunca me senti tão sem graça como tenho me sentido depois que vim morar aqui, mas isso eu não confesso para ninguém, nem para a Tati! Ela iria rir muito da minha cara. Então, nem pensar... Aqui, até mesmo para ir a um simples barzinho, essas mulheres vão como se fosse para a ópera! No Rio, as pessoas andam de qualquer jeito, ninguém se importa muito com saltos altos, meia-calça, cabelos arrumadíssimos... Mas, aqui, se eu sair de sandálias rasteiras, todo mundo fica me olhando como se eu fosse um ser de outro planeta. Coisa horrível!

Tenho muitos problemas para resolver... O que eu não posso, de jeito nenhum é que o Du pense que eu sou uma caipira...

Para: samcandido@blueline.com.br
De: Tatiana Mendes Silva
Assunto: Alex, Tati e o mar de Búzios (romântico, mas nem tanto...)

Sam, em primeiro lugar: eu sei o que é o Masp. Em segundo lugar: a viagem foi ótima... mas... aconteceu! Isso mesmo! Aconteceu.

A gente estava andando na praia da Tartaruga. Vc lembra, não, como aquela praia é cheia de cantos e recantos? Pois no fim da tarde o pessoal foi embora, pra tomar banho, comer, essas coisas. O Alex quis ficar mais um pouco. Saímos andando de mãos dadas. De repente, ele encontrou uma pedra lisa, meio perto do mato, que ainda estava meio quentinha do sol. Ele começou a me beijar, a gente acabou se deitando ali e... quando eu vi, a gente estava transando. Já sei o que vc vai perguntar: e a camisinha? Eu mesma respondo: o que é camisinha? Eu não pensei em nada, amiga, em nada. Embarquei na fogueira dele e a gente se consumiu no meio daquelas chamas.

Olha, tô com um sentimento de culpa horrível. Tô morrendo de medo, Sam! Morrendo de medo. Claro que, daqui pra frente, vou fazer estoque de camisinha. Vc acha que tem perigo? Ah, o que vc acha disso tudo? Responde logo, ok?

Beijos.

Para: tatianam@popstar.com.br
De: Samara Lopes Cândido
Assunto: Acho que vc ficou doida!

Tati, minha amiga, acho que vc enlouqueceu! Não quero te deixar pior do que já está, mas preciso dizer que vc fez uma loucura. Se a gente morasse lá no fim do mundo, se a gente não fosse à escola, se a gente fosse daquelas meninas desinformadas, tudo bem. Mas não é o caso, Tati! Como que vc transa com ele SEM CAMISINHA? Nos dias de hoje, nos dias da Aids? Olha, sei lá. Mas não faça mais isso. Eu sei que, qualquer dia desses, vai acontecer entre eu e o Du, mas esteja certa que eu vou me cuidar.

Puxa, Tati, não fique triste, ok? Sei que quando a gente está com alguém que gosta, pode acontecer. Mas a gente tem que tomar cuidado. No fundo, a gente nem sabe direito se o passado do cara é muito cheio de histórias, né?

Sua amiga de hoje e sempre,
Sam

Para: samcandido@blueline.com.br
De: Tatiana Mendes Silva
Re.: Cuidado com as palavras

Sam, o passado do Alex não é CHEIO DE HISTÓRIAS. Acho que eu sou a primeira história séria dele. E ele, vc sabe, é a minha primeira grande paixão. Mas muito obrigada pelos seus conselhos.

Tati

Para: tatianam@popstar.com.br
De: Samara Lopes Cândido
Assunto: Mil desculpas

Puxa, Tati, vc ficou chateada! Desculpa, vai. Não quis te magoar. Mas é que eu fico com medo, por vc. Acho que não vai acontecer nada, acho mesmo. Mas, daqui pra frente, não transe mais assim, a descoberto (no sentido de não ter camisinha, não de estar na praia).

O Du está todo animado porque, no ano que vem, vai trabalhar com o pai dele, numa construtora. A gente está se curtindo demais, Tati. A cada dia descubro uma coisa nova nele que eu adoro. Acho até que, por causa dele, estou mesmo criando um sentimento de simpatia por Sampa. Olha, depois de muita demora, finalmente mamãe vai pro Rio e eu vou poder ir com ela. No próximo fim de semana vamos estar juntas. Não é fantástico?

Beijos.

Para: samcandido@blueline.com.br
De: Tatiana Mendes Silva
Assunto: Nosso louco amor...

Eu é que peço desculpas, amiga. Fiquei muito nervosa com tudo que aconteceu, mas já estou legal. O Alex tá feliz, me liga cinco vezes por dia, a gente fica horas se curtindo, se amando mesmo. Sem camisinha, nunca mais, ele mesmo concorda. Mas ele me disse que, no primeiro dia, ele não planejou, mas não conseguiu segurar a vontade de ficar comigo. Disse que me ama! Sabe o que é isso? O cara dizer que ama? É muito, é um sonho, não quero acordar. A gente fica junto na casa dele, de dia mesmo, quando os pais não estão em casa. A mãe dele é professora, trabalha num colégio do estado. O pai é gerente de uma super loja na Barra. Ele tem um irmão, mais novo, que nunca está em casa. Eles não têm empregada, só uma faxineira, que vai lá duas vezes por semana e arruma tudo. Nessa, a gente consegue se amar feito dois loucos. Eu tenho uma espécie de sede dele, que nem sei descrever pra vc, amiga! Olha, é demais. Estou te esperando no sábado, ok?

Tati

Para: tatianam@popstar.com.br
De: Samara Lopes Cândido
Assunto: Já estou chegando

Tati, vou morrer de saudades do meu gato lindo, o Du. Mas a saudade de vc é demais tb! Até sábado!

Sam

Capítulo 2

Para: tatianam@popstar.com.br
De: Samara Lopes Cândido
Assunto: O amor é lindo mesmo

Tati, eu estava muito preocupada com vc, mas a preocupação passou quando te vi. Como vc está linda! Olha, sei que já falei isso, mas não vou cansar de repetir. Vc está iluminada. Será que foi o Alex quem fez isso? Será que eu estou assim, com essa sua cara de felicidade? Seja qual for o motivo, vá em frente. Aposto que todos aqueles babacas do colégio devem estar te secando, amiga! Imagino até a cara da Renata e do tchan da escola, a Suzy Helena. Daqui a pouco elas vão querer te imitar em tudo. Desde que não queiram te roubar o Alex... Mas isso é impossível, porque vc está D+!

Sabe, o Du tava cheio de saudade. A gente saiu ontem, segunda à noite, fomos pro Shopping Morumbi. Fomos ao cinema e comemos bobó de camarão. Olha, eu como muito aqui, como te contei, mas tenho muito medo de engordar. O clima de Sampa ajuda a gulodice. E os lugares aonde o Du me leva, são uma perdição. Nossa, como a gente come bem aqui! Queria tanto que vc e o Alex viessem pra cá num fim de semana! Promete que vai pensar no assunto?

Beijos,
Sam

Para: samcandido@blueline.com.br
De: Tatiana Mendes Silva
Assunto: Sem conexão, mas só por alguns dias (snif...)

Sam, vou conversar com o Alex e prometo que a gente vai, assim que der. Claro que quero visitar a sua nova cidade. Aliás, reparou que vc já tá chamando isso aí de Sampa? Sampa é carinho, é amor, só quem gosta mesmo chama a selva de pedra do Brasil assim. Vê lá, hein! Será que vc vai mudar de lado? Reparei que vc já tá bem mais clara, já tá desbotando. Cuidado pra não ficar com cara de lençol.

Olha, o Paulo Mala, meu irmão, vai precisar mandar o computer pro conserto. Não sei qual é o problema, mas ficaremos alguns dias sem ele. A gente pode se falar pelo telefone, se vc quiser. Mas, se preferir esperar, daqui a alguns dias a gente entra em contato de novo. Ok?

Beijões, pra vc e pro Super Du.
Tati

- -

— Samara! Samara!

— Que é, mãe?

— Telefone!

— É o Du?

— Não, é a sua amiga, a Tatiana.

— A Tati?

— É. Do Rio.

— Vou pegar aqui no quarto. Desliga aí, mãe!

— Já desliguei.

— Tati? Pô, que saudade! Legal vc ligar.

— Sam, vc tá com o computador ligado?

— Não, por quê?

— Olha, não posso falar agora, tá? Me desculpa. Mas, assim que der, olha o meu e-mail.

— Seu irmão já levou o micro?

— Não, eu te escrevi da casa do Alex, usei o webmail.. Só daqui a dois dias é que vou ter computador em casa de novo.

— Mas vc tá nervosa, o que foi?

— Abre o meu e-mail, Sam! Não posso falar.

— Tá bom, tudo bem. Vou fazer isso agora mesmo. Quer que eu te ligue depois?

— Não, não vou poder conversar. Me escreve. Quando der, eu leio a tua mensagem e respondo, ok?

— Tudo bem, Tati. Mas eu tô ficando preocupada.

— Depois a gente conversa, tá? Um beijo. Tchau.

— Tchau.

Para: samcandido@blueline.com.br
De: Tatiana Mendes Silva
Assunto: Acho que eu tenho um problema

Sam, eu nem sei como começar. Tô aqui na casa do Alex, ele tá no banho. Aproveitei pra te escrever. O micro lá de casa ainda não voltou do conserto, mas eu não posso esperar mais. Não confio em ninguém, só em vc. Sam, eu não sei, mas desconfio que estou grávida. Pois é, minha amiga, não tenho certeza, mas vc sabe que a minha menstruação nunca falhou, nem um dia. E já está atrasada há quase uma semana. Nunca me aconteceu isso. Não é muita coincidência? Justo depois de eu e o Alex termos transado, naquela maldita praia, naquele fim de semana? Será que eu vou ter que pagar esse preço por um único momento de falta de cuidado? Já transamos várias vezes depois daquele dia, Sam. Mas será, meu Deus, que isso aconteceu comigo? Olha, eu não quero nem pensar, Sam. Nem pensar. Me ajuda, amiga! Me ajuda, por favor.

Beijão,
Tati

Para: tatianam@popstar.com.br
De: Samara Lopes Cândido
Assunto: Tenha calma

Tati, eu ainda tô em estado de choque. Nem sei o que dizer. Olha, quem sabe vc se enganou? Quem sabe errou a data? Não podemos pensar no pior, Tati. Sabe, eu estava mesmo louca pra poder te contar uma coisa, mas nem sei... Vou contar: eu e o Du, bom, a gente chegou lá. Puxa, queria muito compartilhar com vc esse momento, Tati! Sei que vc deve estar péssima, mas não posso te esconder isso, de jeito nenhum. Vc é a minha única e verdadeira amiga. Mas acho que a minha novidade até perdeu a graça, sei lá. Diante dessa sua perspectiva, nem acho graça em mais nada. Me manda novas notícias, por favor. Todos os dias. Se precisar, jogue o Paulo Mala pra fora do quarto, mas não suma. Please!

Beijão,
Sam

Para: samcandido@blueline.com.br
De: Tatiana Mendes Silva
Assunto: Estou calma (ainda)

Sam, fiquei feliz por vc, juro. Torço mesmo pra que vc e o Du fiquem bem e super felizes. Se vc não tivesse contado é que eu ficaria muito mal. Parabéns mesmo, de coração! Tenho certeza que vocês não fizeram a mesma bobagem que eu e o Alex fizemos. Aposto que usaram a bendita camisinha, né amiga?

Até agora, nem sinal de menstruação. Sabe, Sam, eu não posso estar errada na data. Sempre foi no mesmo dia, desde a primeira vez, quando eu tinha 13 anos. O pior é que eu estou histérica com essa história e o Alex já percebeu que eu estou diferente. Também, como posso ficar normal diante dessa possibilidade? Parece que a minha vida acabou, nem quero pensar no que vou dizer pra minha família, muito menos pro Alex. Ai, Sam, quanto mais os dias passam, mais desesperada eu vou ficando.

Bjs.

Para: tatianam@popstar.com.br
De: Samara Lopes Cândido
Assunto: Sempre amigas

Tati, cuidado com esses e-mails, não deixe nenhum vestígio, delete tudo, por favor. Cuidado, também, com os assuntos que a gente coloca. Precisamos disfarçar, ok? Se o Paulo Mala pega isso, nem quero pensar. Agora, é preciso ter calma. Se vc precisar de alguma coisa, tenho uma grana aqui e posso te emprestar, amiga. Acho que vc deve fazer logo algum exame, Tati, desses de farmácia mesmo. É melhor saber logo e ver o que vai fazer. Adiar a certeza é pior. Se vc quiser, eu mando pra vc a grana.

Sam

Para: samcandido@blueline.com.br
De: Tatiana Mendes Silva
Assunto: Vou fazer uma pesquisa

Puxa, Sam, super obrigada. Mesmo. Do fundo do coração. Mas pro exame eu tenho, não se preocupe. Andei pesquisando e vou comprar um da lista azul e faço o exame em jejum. Se aparecerem duas listas azuis, é porque estou grávida. Se aparecer só uma, não estou. Vou comprar amanhã mesmo, já não aguento mais esse sufoco! A gente se fala, ok?

Beijos,
Tati

Para: samcandido@blueline.com.br
De: Tatiana Mendes Silva
Assunto: Já fiz a pesquisa, Sam

Sam, eu nem acredito, mas deu positivo! DEU POSITIVO! E agora? Meu Deus, e agora? Que medo, que medo horrível! Vou perder o Alex, meu pai vai me matar, minha mãe, nem sei... Ah, meus irmãos vão cair matando, Sam! Meu Deus, eu tô grávida! Sabe o que é isso? E o colégio? Já imaginou a vergonha? Eu, com uma barriga enorme, assistindo as aulas da dona Marília? Já pensou na cara da Renata? Já pensou na cara de todo mundo? Nem quero pensar, Sam. Ah, me diz alguma coisa boa, por favor. Como é que eu vou contar isso pro Alex?

Tati

Para: tatianam@popstar.com.br
De: Samara Lopes Cândido
Assunto: Sempre amigas mesmo!

Minha amiga, se eu pudesse estar aí com vc, puxa... Vc tem que ter coragem, Tati. Mas antes vc tem que saber o que é que vai fazer? Vc quer ter o filho? Responde logo.

Sam

Para: samcandido@blueline.com.br
De: Tatiana Mendes Silva
Assunto: Estou com ódio de mim!

Não sei o que quero, não tenho como saber isso, Sam! Sabe o que é estar grávida, assim, de bobeira, de idiotice? Eu não queria filho nenhum, isso nunca passou pela minha cabeça. Como é que eu posso saber se quero? Sei lá! Mas eu acho que estou esquisita, principalmente depois que eu tive certeza. Acho que engordei. Ontem, tirei a roupa e me olhei no espelho. Não dá pra ver nada ainda, mas eu sei que tem algo aqui, logo abaixo do meu umbigo! Meus seios estão meio doloridos, estranhos. Eu estou muito estranha. O mundo mudou, não é mais o mesmo, acho que nunca mais vai ser. Perdi alguma coisa, não sei te explicar. Perdi, errei, falhei...

Para: tatianam@popstar.com.br
De: Samara Lopes Cândido
Assunto: Vou indo mal em Química

Tati, não entre em desespero, por favor! Assim eu vou morrer de preocupação, estou longe, não posso estar perto de vc agora, não posso te dar o meu colo. Ainda bem que alguém, um dia, inventou a internet! Senão, como ia ser? Olha, por que vc não vem pra cá? Vc pode ficar comigo num fim de semana. A gente conversa melhor, vc vai ficar mais calma, sei lá. Fala com seus pais, por favor. Inventa qualquer coisa, fala que eu preciso muito da sua ajuda pra estudar Química, que eu estou com muita dificuldade no colégio... pensa em alguma coisa, mas vem logo. Por favor.

Sam

Para: samcandido@blueline.com.br
De: Tatiana Mendes Silva
Assunto: Vou conversar com o Alex

Sam, queria muito estar aí com vc, mas não posso ir agora, não vai resolver nada. Preciso ter coragem e conversar logo com o Alex. Ele não tá entendendo nada, coitado. Mas eu tenho muito medo dele sumir, me rejeitar. Sou louca por ele, Sam. Vc sabe o quanto. Nem posso imaginar ficar sem ele, ainda mais com esse problema nas mãos. Decidi falar com ele hoje à noite. Seja o que Deus quiser, mas não consigo mais carregar isso sozinha. Amanhã, assim que der, mando um e-mail. Reza por mim, amiga.

Beijo.

Para: samcandido@blueline.com.br
De: Tatiana Mendes Silva
Assunto: Já conversei com o Alex

Sam, nem sei por onde começar. Bom, contei pro Alex. Ele ficou uns quinze minutos calado, completamente passado. Ficou que nem eu, quando tive certeza. É muito pra nossa cabeça, é duro segurar essa barra. Olha, não desejo uma situação dessa nem pra Suzy Helena, esteja certa. Eu disse que não sei o que fazer. O problema é que ele também não sabe, amiga. Nenhum dos dois teve coragem de falar a palavra "aborto", mas é claro que é isso que está passando pela cabeça dele e pela minha também. Não posso mentir pra você, Sam, que é minha amiga. Mas a gente não tem como assumir nada. O Alex não trabalha ainda, nem eu. Como é que vamos sustentar um filho? Nem sei, nem faço idéia de quanto custa uma fralda descartável! Olha, é uma barra. Ele quer que a gente converse com a mãe dele, que é uma pessoa super cabeça. Ele me disse que a mãe pode ajudar a gente. Vou lá hoje à noite. Assim que der, mando notícias.

Beijo,
Tati

Para: samcandido@blueline.com.br
De: Tatiana Mendes Silva
Assunto: Conheci a mãe do Alex

Sam, a mãe do Alex é super gente boa mesmo! Olha, todo aquele meu nervosismo passou, ela tem uma coisa calmante, sei lá. Deve ser uma super professora, tenho certeza. Conversamos muito, eu consegui me abrir. Claro que ela não ficou feliz com a notícia, mas disse que não adianta lamentar uma coisa que já é realidade. Ela é totalmente contra a idéia do aborto e disse isso com todas as letras. O Alex arregalou os olhos quando ela disse isso! Eu também. Ela acha que a gente tem que deixar o bebê nascer e assumir, com a ajuda das duas famílias. Ela vai conversar com o pai do Alex e quer ir lá em casa, falar com meus pais, principalmente porque eu sou mulher e o filho dela é homem. Ela quis dizer que essa é a atitude correta.

Sam, minha mãe é super católica, vc sabe. Ela vai à igreja todos os domingos. Minha mãe nunca vai aceitar a idéia do aborto, Sam. Muito menos meu pai. Como é que eu vou fazer? Vou ter que parir esse filho? A minha vida acabou, Sam! Acabou mesmo, definitivamente! E a vida do Alex, então? E os planos dele pro futuro? E as ideias fantásticas que ele tem, vão para onde? Para o lixo?

Olha, eu estou sentindo uma revolta dentro de mim. Estou mais calma, mas não estou conformada, Sam. Não posso aceitar a idéia da minha barriga crescer, crescer, crescer até eu ficar igual a um bujão de gás, figura ridícula e patética indo e voltando da escola. Ah, se eu pudesse voltar atrás, eu não teria ido pra Búzios! Maldita hora, maldito fim de semana, maldita vida!

Tati

Para: samcandido@blueline.com.br
De: Tatiana Mendes Silva
Assunto: Meus pais tb conheceram a mãe do Alex

Sam, meus pais estão em estado de choque. Meus irmãos só não deram uma surra no pobre do Alex porque os pais dele estavam lá em casa. E também porque ele nem olhou para eles. Eu já tinha avisado que ia ser difícil.

O pai do Alex está furioso com ele. A conversa foi longa e todos eles concordam que nós fomos muito irresponsáveis. Aliás, eu e o Alex nos sentimos como dois dementes o tempo todo. Por incrível que pareça, só a mãe dele olhava pra mim de um jeito humano, como se pudesse me compreender. Acho que ela é a única pessoa que sabe como eu estou me sentindo. A minha mãe? Nossa, está morrendo de vergonha de mim. Até parece que a gente está vivendo na Idade Média, Sam! Um horror! Sabe aquela coisa de "filha que desonra a família?" Pois é, é quase isso. Um pouco mais e eles me mandariam para um convento, pelo resto dos meus dias. Meu pai pensa na família, nas explicações que vai ter que dar, etc. Minha mãe pensa no padre, veja só que absurdo! Pouco me importa o que o padre vai dizer ou pensar, mas sim o que vai ser da minha vida a partir de agora. Será que eles não percebem que sou eu a mais prejudicada? Eu é que vou engordar, eu é que vou suportar os enjoos, eu é que vou ficar feia e disforme, não eles. O castigo pior vai ser o meu.

Ah, Sam, que saudade do tempo em que nada disso existia! Vc é que é feliz, minha amiga. Aproveite tudo que puder, ame muito o seu Super Du, curta bem a sua vida. Nunca sonhe em passar pelo que eu estou passando.

Beijos,
Tati

Tatiana pensa...

Não acredito que isso está acontecendo comigo! Por quê? Por quê? Por quê? Será um castigo? Meu Deus... Não aceito isso, não consigo entender nada. Pelo que eu sei, as pessoas transam todos os dias, no mundo inteiro, mas nem todas as mulheres ficam grávidas... Tudo bem, nós não tomamos cuidado. O.K. Entendi. Mas não é justo que na primeira vez... Por quê? Será que eu não tenho o direito de me apaixonar e de viver isso de forma concreta e real? Não está certo...

Como vai ser a minha vida, hein? Como é que nós vamos fazer? Será que o Alex vai me deixar? Será que ele vai me rejeitar por causa da barriga? Não, claro que não. Não quero nem pensar nisso. Ele me ama, sim, do mesmo jeito que eu o amo, e nós vamos superar isso juntos. Esse momento ruim vai passar. claro que vai!

Mas, e a criança? O que vamos fazer com uma criança? Não seria melhor... Não. Minha família não vai concordar nunca. Aborto? De jeito nenhum.

Eu queria poder voltar no tempo. Se isso fosse possível, nada disso estaria acontecendo.

Para: tatianam@popstar.com.br
De: Samara Lopes Cândido
Assunto: Estou pesquisando

Tati, estou tentando fazer mil pesquisas pra vc. Naveguei muito pela internet nos últimos dias e olhei tudo que pude sobre gravidez, bebês, nascimentos, tudo mesmo. Estou preparando uma lista de sites interessantes, que você e o Alex poderão visitar. Olha, vai ser legal, sabe? Já que a decisão é essa, o melhor é vc aceitar, de coração. Já pensou se o Alex sumisse? Não seria pior? Como é que vc iria se sentir? Como é que iria ser se os pais dele tivessem um acesso de ira? Tente ver as coisas pelo lado bom, Tati. Além do mais, vocês dois vão ter um filho! E vocês se amam. Pense nisso.

Beijos,
Sam

Para: samcandido@blueline.com.br
De: Tatiana Mendes Silva
Assunto: Mensagem

Sam, por favor, não fale de uma situação que vc nunca viveu. Não há nada de romântico nisso! Eu já estou vendo o meu corpo mudar, já vejo uma bolinha se formando na minha barriga, pô! E vc acha mesmo que eu e o Alex temos assim tanta vontade de transar? No meio desse dilúvio? Mudou tudo, tudo mesmo, a minha vida inteira. Às vezes, quando eu acordo de manhã, nem sempre lembro do que está acontecendo. Logo depois, tudo vem na minha cabeça e eu tenho a sensação de que acordei só pra entrar num pesadelo. Vc nem pode imaginar o que é isso, Sam...

Para: tatianam@popstar.com.br
De: Samara Lopes Cândido
Assunto: Vc não entendeu. Desculpe.

Tati, será que vc está com raiva de mim? Eu só quero ajudar vc a superar isso tudo. Só quero te ajudar, amiga.

Para: samcandido@blueline.com.br
De: Tatiana Mendes Silva
Assunto: Mensagem

Sam, eu sei que vc só quer me ajudar. Mas eu quero que vc entenda que não há como eu superar isso, nunca mais vou superar isso. É pro resto da vida, Sam, vê se entende. É pro resto da vida! No meio do caminho, eu segui pelo atalho errado e me dei mal. Mas não é uma coisa que eu possa consertar. Não é como ir ao médico ou ao dentista. É pro resto da vida.

Para: tatianam@popstar.com.br
De: Samara Lopes Cândido
Assunto: Sou sua amiga

Tati, eu fico assustada quando vc fala essas coisas. Não quero que fique assim. Parece até que a gente nem consegue mais falar a mesma língua. Parece que estamos muito distantes uma da outra. Não quero perder minha amiga.

Para: samcandido@blueline.com.br
De: Tatiana Mendes Silva
Assunto: Mensagem

No fundo, pensando bem, a gente está mesmo em mundos diferentes. Não sou mais a mesma. Nunca mais vou ser. O que mais me assusta é que não estou encontrando nada de bom dentro de mim. Essa gravidez não me emociona em nada. Pra mim, é um tropeço. É um pedregulho. Um erro, um erro imperdoável. E ninguém pode imaginar o que é cometer um erro imperdoável. Não tem volta, sabe? Não tem volta. Isso é horrível, Sam. É horrível... Penso sempre no aborto. Penso se não seria a melhor solução para a minha vida e tb pro Alex. Para todos nós. Acho que evitaria um sofrimento enorme, principalmente para o ser que vai nascer. Porque não sinto amor por ele. Não sinto, não consigo. Não sinto nada, só consigo sentir um vazio, uma falta de perspectiva, uma sensação horrível de solidão.
Sabe, eu descobri que a vida é difícil. Quando a gente menos espera, olha a sombra vindo! Sabe aqueles sonhos idiotas que nós tínhamos antes? A gente pensava em viagens, em fazer intercâmbio cultural, em ótimas universidades, muitas aventuras, Paris, Roma, um namorado espanhol igualzinho ao Antonio Banderas... Ai, Sam, tudo isso é fantasia. A vida não é nada disso. Mas quando penso que poderia ter sido, que a minha vida poderia ser outra agora se eu não tivesse sido displicente, se não tivesse sido fraca... Ah, como dói, Sam. Como dói.

Para: tatianam@popstar.com.br
De: Samara Lopes Cândido
Assunto: Fiquei meio mal

Não contei a ninguém a sua história, nunca faria isso. Mas, por coincidência, o Du me contou a história de um primo dele, que mora em Ribeirão Preto, e que passou por uma situação igual. A namorada dele ficou grávida, eles assumiram juntos a gravidez. O bebê já está com 2 anos, mas os dois se separaram, não seguraram a barra de ter um filho e todas as novas responsabilidades que vêm junto com a criança. Sabe, Sam, o que me impressionou nessa conversa foi a opinião do Eduardo. Ele me disse que, se isso acontecesse com ele, não teria a menor dúvida de que o aborto seria a melhor solução. Ele falou com um jeito tão distante, tão impessoal, sei lá. No final das contas, um filho é um filho. Talvez eu esteja sendo mesmo muito romântica e se isso acontecesse comigo a minha decisão seria outra, não sei.

Mas acho que vc tem que tentar gostar desse bebê, Tati. É como vc mesma disse: não tem volta. Acho que vc está alimentando um sentimento ruim dentro de vc. Não estou te julgando, mas querendo te ajudar, apesar de todas as minhas limitações.

Beijos,
Sam

Para: samcandido@blueline.com.br
De: Tatiana Mendes Silva
Assunto: Mensagem

Sam, sei que vc está cheia de boas intenções. Mas é tão difícil explicar... é tão difícil fazer vc compreender tudo que passa pela minha cabeça... Olha, eu concordo com o Du, Sam. Ter um filho, na nossa idade, significa cortar todas as possibilidades de futuro. Sempre carregaremos uma criança atrás de nós. Como é que eu e o Alex poderemos pensar em ir para os Estados Unidos agora? Como poderemos fazer novos planos? Os únicos planos que teremos serão as fraldas e as mamadeiras.

O ambiente aqui em casa melhorou um pouco, mas todos ainda me tratam com muita frieza. Minha mãe vive com a cara inchada, acho que ela chora todas as noites. Meu pai? Sempre que olha pra mim, tem aquela condenação estampada na testa. Meus irmãos, depois do choque inicial, começaram a torcer que seja um menino e cada um pretende ensinar a ele alguma coisa.

Mas eu não consigo ficar bem com nada disso. Estou muito deprimida. Por isso, não condeno o Du, de jeito nenhum. Fui ao médico hoje à tarde. Estou com 2 meses e meio de gravidez e, segundo as palavras dele, o bebê já está formado. É um ser humano em miniatura. Odiei ouvir isso. Se ele me dissesse que ainda era um ovo, um mero ovo, sem forma, sem parecer-se com nada, eu ainda poderia ter o consolo de pensar que tudo poderia ser resolvido de outro jeito. Mas não. Já não é um ovo. É quase uma pessoa. Mas é uma pessoa que eu não quero, que eu não amo. Meus seios doem muito, estão inchados. Sinto-me sempre entupida, o tempo todo. Estou vendo meu corpo mudar, para pior. Nem quero imaginar como estarei daqui a 3 meses.

Para: tatianam@popstar.com.br
De: Samara Lopes Cândido
Assunto: Presente!

Tati, comprei um presente para vc, ou melhor, para o bebê. Pus no correio hoje. É um parzinho de sapatos, desses de tricô. Acho que vai te dar sorte. Comprei branco mesmo, afinal a gente não sabe o sexo ainda. Olha, não fique assim. Pense nas coisas boas: quando vc estiver com 27 anos, seu filho terá 10, já será quase adolescente, quem sabe será seu grande amigo? Já que as coisas aconteceram assim, não se revolte amiga!

Grande beijo,
Sam

Para: samcandido@blueline.com.br
De: Tatiana Mendes Silva
Assunto:

Olha, Sam, essa sua insistência em me consolar já está ficando cansativa, sabe? Já que vc acha tão maravilhoso assim engravidar, arrume uma gravidez com o seu par e me deixe em paz. Só eu sei o que estou enfrentando! Só eu sei das minhas dores, que são verdadeiras. Tudo que vc diz é teoria, saiba disso. Se vc não pode me compreender, se não pode fazer nada melhor além de dizer lindas frases românticas, então não diga nada, ok?

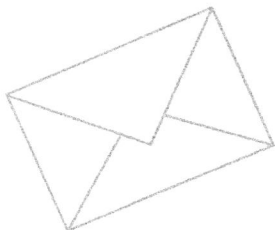

Capítulo 3

— Samara!

— ...

— Samara! Telefone!

— ...

— Sam?

— Que é, mãe?

— Sua amiga, a Tatiana.

— Não quero falar com ninguém, muito menos com ela.

— Mas vocês são amigas há tanto tempo...

— Não quero. Pode dizer isso pra ela.

— Tem certeza?

— Tenho.

— Tatiana? Não, ela disse que não quer falar com você. Pois é. É, é verdade. Sim, claro. Quando quiser. Outro. Tchau.

— ...

— Ela disse que mandou um e-mail. Pediu pra você ler.

— Não vou ler nada, não quero.

— Mas Sam... brigas acontecem sempre, minha querida. Depois passam.

— Tá bom, tá bom. Depois eu leio. Agora não estou com vontade, ok?

Tatiana pensa...

Eu me perdi de mim, e estou me perdendo mais a cada dia. Já não sei quem eu sou, já não sei o que quero, já não sei mais o que poderei ser. E o mundo todo continua existindo, nada parou ou vai parar porque eu estou grávida! Dá vontade de rir, claro, porque passei a vida toda achando uma porção de coisas que simplesmente não existem. Hoje eu conheço sentimentos que eu nem podia imaginar que eram de verdade. eu imaginava que certas coisas só aconteciam nos livros ou em filmes. Que piada!

Eu odeio esta barriga! Como eu odeio! Eu não sabia que poderia existir um monstro dentro da minha alma, que é forte, muito forte... Esse monstro dentro de mim quer eliminar o que está me atrapalhando, e isso é horrível! Ah, Deus, será que isso é pecado suficiente para me condenar a um castigo gigantesco? Minha mãe diria que sim, mas eu nem sei se acredito em Deus... Porque, se Ele existe, não deveria permitir que coisas assim acontecessem no mundo. Qual é a utilidade prática de uma garota de 17 anos ficar grávida desse jeito? Se Deus é sabedoria, e luz e não sei mais o que, não deveria deixar isso acontecer, até porque eu não tenho, ainda, e nem sei se terei algum dia, responsabilidade para ser mãe. Nesse sentido e com base nisso, penso que a sabedoria divina deve se basear em irresponsabilidade total com os seres criados.

Mãe... Argh... Bom mesmo é ter mãe, e não ser mãe... Todo mundo diz que a gravidez é o momento mais sublime na vida de uma mulher. Nossa, estou vendo o quanto! Estou me sentindo um barril. Inchando, inchando, inchando... Um pneu de carro sendo calibrado...

E o pior foi o que fiz com a Sam, a minha amiga. Preciso consertar isso, coitada dela, vivendo naquela cidade horrível. Coitada de mim, aqui sozinha, sem ter com quem dividir o que estou sentindo. Mas ela também não poderia entender, nunca ficou grávida... mas eu preciso me desculpar. Acho que já me sinto velha, parece que estou carregando nas costas todo o peso do mundo...

Para: samcandido@blueline.com.br
De: Tatiana Mendes Silva
Assunto: Pedido de desculpas

Querida Sam, fui horrível com vc. Desculpe. Olha, eu andava tão nervosa, tão fora de mim, que estava dando patada até na parede. Vc sempre foi tão amiga, tão sincera, tão preocupada comigo! Vc só queria me ajudar! Qualquer outra "falsa" amiga até se afastaria de mim por causa disso tudo, mas vc não. Vc tentou me ajudar, mesmo sem ter uma noção exata de tudo que está me acontecendo. Olha, te adoro, viu? Te adoro mesmo! Me perdoa, por favor. Nesses quinze dias que ficamos sem contato, eu pensei muito, avaliei muitas coisas. Mas só quero te contar se vc me responder, tá? Ah, o presente chegou. Adorei a sua preocupação e o seu carinho, Sam. Me responde, por favor.

Tati

Para: samcandido@blueline.com.br
De: Tatiana Mendes Silva
Assunto: Novo pedido de desculpas

Sam, Por favor, me manda um e-mail. Estou tão sozinha, eu só tenho vc pra me ouvir, só vc conhece tudo que se passa na minha vida. Sam, não me deixe aqui, assim, largada. Sei que fui horrível, que fui egoísta, que fui uma cavala com vc. Mas me perdoa, por favor.

Para: tatianam@popstar.com.br
De: Samara Lopes Cândido
Assunto: Pedido recebido

Tati, fiquei muito magoada, sim. Eu me senti uma perfeita idiota, me senti uma Polyana brasileira, aquela que acha tudo lindo, tudo maravilhoso, tudo perfeito... Sabe, o que mais me doeu foi vc não ter entendido a minha intenção. Eu queria que vc soubesse que eu estava do seu lado, torcendo por vc, pela sua felicidade. Então, me magoou entender que vc não estava vendo isso. Mas já passou. Também senti a sua falta. Vc também é a minha única amiga, Tati.

Nesses quinze dias aconteceram muitas coisas. Sabe, Tati, há mais ou menos 20 dias, eu e o Du saímos e ficamos juntos. Foi maravilhoso, melhor do que as outras vezes. Foi... como é que eu vou te explicar? Ah, foi meio selvagem, sabe? Nunca tinha tido essa experiência antes. Não te contei porque não tinha clima, vc estava super mal. Mas o problema é que a camisinha furou. Furou! Vc sabe o que é isso? Furou! Vc sabe que eu não tomo anticoncepcionais justamente porque a gente sempre usou camisinha. Mas ela furou! A gente só percebeu no final, claro. Ficamos apavorados. Na mesma hora eu lembrei do que o Du tinha dito sobre este assunto. Estou morrendo de medo. Nem sei o que me dá mais medo, Tati, nem sei. Só me resta torcer para que não aconteça nada. Reza por mim, ok?

Sam

Para: samcandido@blueline.com.br
De: Tatiana Mendes Silva
Assunto: Vc Jane, Du Tarzan

Sam, fiquei muito feliz quando vi seu e-mail. Até chorei. Quando terminei de ler, juro que chorei e ri ao mesmo tempo. Puxa, será que vc tem que copiar tudo que eu faço, Sam? Isso é fixação, minha filha! Qualquer dia vc vai pintar seu cabelo de castanho-escuro só pra ficar parecida comigo. Cuidado! Acho que nem Freud explica. Lembra daquele filme? Mulher solteira procura... Pois é. Sam, a camisinha furou, isso é um fato. Mas isso não significa que vc está grávida. Vc vai ter que esperar. Aliás, acho que seria o cúmulo da falta de sorte e essa é uma possibilidade pouco provável. Mas, tome cuidado com esse "sexo selvagem". Brincar de Tarzan e Jane é perigoso, principalmente quando a gente não tem experiência de andar de cipó. Diga isso pro Du, esse Homem de Neandhertal da Selva de Pedra Brasileira. Não se zangue. É só pra vc rir um pouco. Te adoro mesmo.

Para: tatianam@popstar.com.br
De: Samara Lopes Cândido
Assunto: Horrível

Tati, vc tem mesmo um senso de humor... horroroso!

Para: samcandido@blueline.com.br
De: Tatiana Mendes Silva
Assunto: Horrível, não. Criativo, sim.

Sam, não é senso de humor, mas Senso de Amor!

Para: tatianam@popstar.com.br
De: Samara Lopes Cândido
Assunto: O Du e a vida dele

Tati, o Du vive me perguntando se a menstruação já veio. Olha, eu tenho tido vontade de mandar ele pro inferno! Frases dele: "Vc sabe que eu nem posso pensar em ter um filho, Samara. Tenho a minha carreira, meus planos... Como é que vou explicar isso pro meu pai?"; "Samara, como é que isso foi acontecer? Não entendo! Juro que não entendo!"; "Olha, se acontecer de vc... bem... se vc ficar grávida... bom, a gente vai ter que pensar na melhor solução, não acha?" Tati, ele só pensa no futuro dele, nos planos dele, na vida dele. E olha que eu nem sei se estou grávida! Acho que não estou, mas tudo isso está me mostrando um novo Eduardo. Ele está morrendo de medo! Acho que está com mais medo do que eu, Tati. Isso é ridículo. Me dá sua opinião, ok?

Beijos.

Para: samcandido@blueline.com.br
De: Tatiana Mendes Silva
Assunto: Paciência

Sam, apesar de todos os problemas, o Alex está junto de mim. Eu é que me distanciei dele. Foi mais forte do que eu, mas eu não consigo achar que ele realmente me quer, nesse estado. Estou me sentindo muito feia, feia de doer. Mas não posso reclamar dele, de jeito nenhum. Quanto ao Du... bom, talvez ele esteja reagindo assim por puro medo. E olha que eu sei do que estou falando, Sam! O medo que a gente sente quando existe essa possibilidade (de gravidez) é uma coisa que não dá pra descrever. Acho que é pior do que cair num buraco negro. Mas vc tem que esperar, tem que ter paciência até ter certeza. Ok?

Para: tatianam@popstar.com.br
De: Samara Lopes Cândido
Assunto: Demora

Tati, os dias estão passando e nada. Minha menstruação nunca foi certinha como a sua, mas acho que já deveria ter vindo. Ai, que medo, meu Deus!

Para: samcandido@blueline.com.br
De: Tatiana Mendes Silva
Assunto: Solução imediata

Sam, compre o tal exame de farmácia. É super confiável. É melhor resolver logo isso.

Para: samcandido@blueline.com.br
De: Tatiana Mendes Silva
Assunto: Cadê vc?

Sam, vc comprou o exame? Me conta, por favor.

Para: samcandido@blueline.com.br
De: Tatiana Mendes Silva
Assunto: Onde vc está?

Sam, por que vc sumiu? Não quero ficar ligando pra sua casa, a gente não vai poder falar sobre esse assunto. Me responde, ok?

Para: samcandido@blueline.com.br
De: Tatiana Mendes Silva
Assunto: Amiga estressada

Sam, já estou muito preocupada com vc! Por favor, me manda um e-mail.

Samara pensa...

Então, é isso mesmo? A felicidade é feita somente de momentos? De momentos que passam tão rápido que a gente nem percebe e não tem tempo de aproveitar? Então, na verdade, a felicidade não existe, tudo não passa de uma grande ilusão. Eu me iludi com tudo, fui uma completa idiota! Mas é tão ruim descobrir a vida desse jeito... Não estou pronta para ser uma adulta. Não quero ser uma adulta. Quero continuar a ser quem eu sempre fui. Sou aquela menina, alguém se lembra disso? Aquela menina, que teve que sair da cidade que ama para seguir os passos do papai e da mamãe. Sou aquela menina que conheceu um cara lindo por fora e oco por dentro. Sou aquela menina que está carregando uma pessoa na barriga, sem ao menos saber o que isso significa na prática.

O pior é que não dá pra esquecer esse fato: eu estou carregando uma outra pessoa dentro de mim! Não consigo nem descrever o que sinto, porque tudo é muito confuso. E eu não vejo luz no fim do túnel, essa é uma situação sem saída. Ter a criança é o desconhecido. Não ter a criança é o desconhecido. E no meio disso tudo, quem sou eu? O que eu quero de verdade? Ah, eu quero voltar no tempo. Preciso voltar no tempo e mudar todo esse roteiro.

E sem ninguém perto de mim... O Du está se revelando a pessoa mais egoísta que eu já conheci, é inacreditável! Até a Tati se revoltou comigo, meu Deus! Claro que eu não sabia o que é estar grávida como ela me acusou, mas agora eu sei. Só não sei se me sinto como ela estava se sentindo, porque ela parece não entender que existe vida dentro dela. Eu entendo isso perfeitamente, e nem sou uma pessoa religiosa...

Como dói pensar que a vida dentro de mim... Não quero pensar nisso, não quero...

Para: tatianam@popstar.com.br
De: Samara Lopes Cândido
Assunto: Problemas

Oi, Tati. Só hoje pude escrever. Vc nem imagina o que aconteceu! Eu sempre imprimo nossos e-mails, os meus e os seus. Guardo tudo numa pasta azul, que fica dentro da gaveta da minha escrivaninha. Outro dia, à noite, minha mãe precisou de papel sulfite e foi procurar no meu quarto. Pois ela abriu justamente essa bendita pasta e leu o que não devia ter lido. Tudo bem, vc vai dizer que eu sou uma idiota. Sou mesmo! Tente imaginar o clima: ela e meu pai em cima de mim, querendo saber se estou mesmo grávida. Eu disse que não sabia, que achava que não, etc. Meu pai me detonou, claro. Mas eu também disse a ele um monte de verdades: que ele mal vive comigo, que nem sabe quem eu sou, que não tem o direito de me julgar, que ele só pensa em trabalho e dinheiro, mas que não está nem aí pra mim. Vc sabe que eu não aceito isso. Só não toco no assunto, mas não aceito.

Olha, foi uma verdadeira revolução. Minha mãe é super prática, como vc sabe. Ela disse que eu deveria fazer logo um exame. Resumindo: fiz o exame, deu positivo, estou realmente grávida e todos (meu pai, minha mãe, o Eduardo e os pais dele) são a favor do aborto. Todos são a favor, mas eu não estou certa. Não mesmo.

O problema é que eu não posso fazer uma escolha, vc entende? Sou voto vencido. Eles usaram todos os argumentos que vc mesma usaria: que somos muito jovens, que temos ainda muito a realizar, que temos carreiras a construir, que ainda não temos independência financeira, etc.

Sabe, Tati, estou muito decepcionada com todos eles, principalmente com o Eduardo. A máscara dele caiu, rachou, se desintegrou. Se ele me apoiasse, se tivesse perguntado qual é a minha vontade, mesmo que eu ainda não saiba, eu me sentiria forte o suficiente pra chegar a uma conclusão. Mas, não. Eles estão me pressionando. Só fazem isso, o tempo todo.

Nem quero pensar que existe um ser vivo dentro de mim. Nem penso nisso. Se eu pensar, enlouqueço. Você tem razão: o tempo dos sonhos acabou.

Para: samcandido@blueline.com.br
De: Tatiana Mendes Silva
Assunto: Mensagem

Sam, eu já estava imaginando mais ou menos isso que vc me contou. Sabe, algo me dizia que vc tinha engravidado, eu só não queria dizer isso pra não te deixar pior. Mas acho que vc deve pensar com calma. Se existe a possibilidade de vc resolver isso, num lugar legal, onde não corra riscos, pense bem. Vc não imagina o que é uma gravidez, Sam. Já estou engordando mesmo, não vou conseguir esconder por muito tempo. O pessoal do colégio já sabe. Fiz questão de contar. O Alex estava comigo e, pelo menos, as pessoas viram que continuamos juntos. Mas eu sei que ele não está feliz, Sam.

Sabe, a gente nunca mais transou. Não dá, é como se tivesse perdido a graça. Alguma coisa se partiu, nós estamos vivendo uma situação que não é nossa, que não deveria fazer parte das nossas vidas nesse momento.

Será que não é melhor vc seguir o caminho que está surgindo agora? Pense bem.

Um grande beijo,
Tati

Para: tatianam@popstar.com.br
De: Samara Lopes Cândido
Assunto: Tristeza

Tati, meu pai disse que não vai sustentar filho de mãe solteira. Disse isso com todas as letras, na minha cara. E eu nem pude responder que não preciso dele porque não é verdade. Minha mãe me abraçou na hora, tentou em consolar. Ela tem aquele lado super consumista, mas é legal. É melhor do que ele, com certeza.

O problema é que eu estou sozinha nisso tudo. Se eu tiver o bebê, como vou criá-lo? Já imaginou o inferno que vai ser aqui em casa? Meu pai sonhava me mandar para a Inglaterra, Tati. Ele não quer, de jeito nenhum, que eu me desvie desse caminho. Não quero pensar mais. Não quero mais sofrer. Fiquei lembrando do que vc disse sobre engordar, etc. Meu corpo está igual, não mudou nada. Acho que ainda é muito recente. Talvez ainda seja um ovo apenas, não é? Vou parar agora. Estou chorando de novo.

Sam

Para: tatianam@popstar.com.br
De: Samara Lopes Cândido
Assunto: Mensagem

Tati, conversei muito com o Eduardo. Eu perguntei se ele não tem peso na consciência. Ele ficou vermelho, olhou pro outro lado e não respondeu. Depois de algum tempo, continuou com aquele papo egoísta sobre carreira, plano de vida, perspectivas futuras e um monte de outras coisas que não me interessam. Tentou até me explicar que o nosso namoro continua! Acho que ele pensa que é o Brad Pitt da minha vida, Tati. Ele fez um esforço enorme pra me deixar tranquila quanto a nós dois, mas o que eu sentia por ele morreu, sumiu, evaporou. Tudo que me deixou encantada antes, virou pó agora. Ele não se preocupa, de jeito nenhum, com o que eu estou sentindo. As minhas dúvidas sobre a gravidez são incompreensíveis pra ele, como se a solução que eles encontraram fosse a única possível.

Aí eu disse: "E se eu quiser deixar o bebê nascer? O que é que vc vai fazer?"

Resposta dele: "Sinto muito, mas eu não posso assumir isso com vc, de jeito nenhum. Sam, tente entender, por favor. Às vezes, eu acho que vc pensa nisso porque quer que eu case com vc, só pode ser! Mas se for isso, Samara, pode esquecer, ok? Pode esquecer! Acho que a gente está muito bem namorando, desse jeito."

Tati, na mesma hora eu levantei e deixei ele sozinho. Juro que a minha vontade foi voar em cima dele e deixá-lo desfigurado pra sempre. Mas eu saí correndo, chorando e fui pra casa. Imagina só: eu, casar com ele? Tentar prendê-lo com um filho? Se ele viu que a desgraçada da camisinha furou, que não foi culpa minha, nem dele!

Estou péssima, Tati, péssima! Minha mãe viu que eu entrei voando e foi atrás de mim. Pela primeira vez, desde que eu era criança, ela pôs a minha cabeça no colo dela. Chorei, chorei muito. Depois de horas de conversa, ela acabou me convencendo. Não posso ter esse filho, Tati. Não posso. Seja o que Deus quiser.

Para: samcandido@blueline.com.br
De: Tatiana Mendes Silva
Assunto: Mensagem

Sam, queria muito estar com vc... queria muito. Que coisa difícil, não? Por que essas coisas acontecem? Por que a vida não pode ser como a gente sempre imaginou que fosse? Por que tudo, de repente, começa a ficar tão complicado? Não consigo entender. Me dê notícias.

Beijos.

— Alô? Oi, Tatiana, tudo bem? Ela está dormindo. Não, ela está bem, fique tranquila. Não, acho que só daqui a alguns dias. E você? Claro, querida, claro. Eu digo a ela. Claro, pode deixar. Assim que ela estiver melhor... Não, nenhum problema, mas ela ainda está um pouco... Como dizer? Um pouco deprimida, mas isso vai passar. Claro que sim, eu digo. Um abraço. Tchau.

Para: samcandido@blueline.com.br
De: Tatiana Mendes Silva
Assunto: Preciso de notícias

Sam, falei com a sua mãe e ela me disse que vc está deprimida. Vê se consegue ter ânimo pra me escrever. Estou preocupada.

Beijo,
Tati

Samara pensa...

Não acredito que fiz... Não acredito que concordei... Por que eu concordei? Porque sou uma covarde! Esta é a verdade. Covarde, covarde, covarde! Porque é covardia usar a força sobre o mais fraco. E um... embrião... sempre é mais fraco. É um mero embrião, não pode se defender, não pode bater em mim, me xingar ou me atacar para salvar a própria vida. Estava apenas se formando, obedecendo às leis da natureza, assim como as plantas, assim como as árvores, assim como os peixes... Tudo que é vivo neste mundo tem começo, meio e fim. Óbvio. Mas, começo, meio e fim são naturais, acontecem quando chega o momento certo. O... embrião tinha o direito de se desenvolver... e eles não permitiram! Então, por isso esse... ato... que eu... cometi... é tão injusto... Mas a responsabilidade é deles todos: do meu pai, da minha mãe, do Eduardo, dos pais dele... Eles não me deixaram saída, não me deram outra opção... Se o Eduardo tivesse me apoiado, tudo poderia ser diferente. Seríamos nós dois, e estaríamos mais fortes. Mas, por que ele faria isso, sua imbecil?!

Nunca me senti tão infeliz como hoje. Eu poderia morrer... Tenho tanta vergonha de mim mesma... Nunca mais serei a mesma pessoa, nunca mais vou conseguir olhar para mim mesma no espelho. E ainda há tantas mulheres que fazem... isso... como se fosse uma cirurgia plástica! Como se fosse normal, banal e necessário. Como se fosse um recurso sempre disponível quando as coisas dão errado. Quando a camisinha fura! Por que ninguém pensa no risco? Por que eu não pensei nisso? Por quê? E a Tati, aquela louca, certamente consegue ter inveja de mim! Quem é pior, eu ou ela? Tirei de mim mesma um pedaço... Queria morrer aqui, neste momento...

Para: tatianam@popstar.com.br
De: Samara Lopes Cândido
Assunto: Notícias

Tati, já faz quase dez dias que fiz aquilo e não consigo esquecer. Penso nisso dia e noite, não faço outra coisa. Minha mãe tem me ajudado muito, está sempre perto de mim e deixou os shoppings um pouco de lado por minha causa. Ela está sendo muito legal, eu é que não estou bem.

Sabe, no dia em que estávamos voltando de lá, pela primeira vez na minha vida fiquei reparando nas mães e nas crianças passeando nas ruas. Sabe, os bebês que vi eram lindos, todos lindos. Gordinhos, saudáveis, alegres... Fiquei tentando imaginar que carinha teria o meu, aquele que não vai mais nascer. Não estou bem, não mesmo. Sinto uma coisa que deve ser remorso. Eu não estava nem com dois meses, era muito recente. Mas não importa. Era uma vida. E eu só senti realmente o quanto está me fazendo falta agora que não o tenho mais dentro de mim.

Fico tentando arrumar justificativas e a principal delas é que uma criança não merece ter o Eduardo como pai. Eu sei que seria muito difícil criá-lo, que não teria apoio de ninguém etc. Mas isso não diminui essa horrível sensação de vazio que estou sentindo. Arrancaram um pedacinho de mim, com o meu consentimento. E esse pedacinho não vai mais voltar.

Sabe, mesmo que vc e o Alex passem muitos sufocos, não lamente nunca a decisão que tomou. Sinceramente, não desejo a ninguém o que estou passando.

Para: samcandido@blueline.com.br
De: Tatiana Mendes Silva
Assunto: Mensagem

Sam, não compare a minha situação com a sua, por favor. E, na verdade, eu não escolhi nada. Vc sabe que, na época, se eu pudesse, teria feito o aborto. As razões? Vc as conhece, já lhe disse muitas vezes.

De que me adianta estar grávida e completamente infeliz? Aquele ódio, aquele sentimento ruim passou, mas ainda não sinto nada parecido com o que uma futura mãe deve sentir. Não penso na cara que a criança vai ter, com quem vai ser mais parecido, nada. Não penso nem no sexo. Não tenho curiosidade nenhuma. Ou melhor, a minha curiosidade é saber se terei estrias na barriga depois. Juro, é uma das coisas em que penso sempre e que Deus me perdoe!

Sabe, nada disso deveria estar acontecendo, nem comigo, nem com vc. Parece, ainda, um horrível pesadelo.

Para: tatianam@popstar.com.br
De: Samara Lopes Cândido
Assunto: Mensagem

Sabe, Tati, quando escrever, não use mais aquela palavra que começa com "a". Não suporto nem ouvir! Pra mim, virou a palavra mais abominável do dicionário. Ok?

Para: samcandido@blueline.com.br
De: Tatiana Mendes Silva
Assunto: Troca

Desculpe, Sam, nem podia imaginar que vc estava assim. Sabe, eu andei pensando como a vida gosta de piadas de mau gosto. Eu, aqui, ainda tão revoltada com essa barriga que não para de crescer e vc, aí, tão infeliz porque a sua parou de crescer... se agente pudesse trocar de lugar, não?

Tati

Para: tatianam@popstar.com.br
De: Samara Lopes Cândido
Assunto:

Olha, Tatiana, nunca mais diga isso! Antes, eu realmente não sabia o que era "estar grávida", mas agora eu sei. Foi por pouco tempo, mas eu sei. A minha barriga não chegou a crescer, mas eu tinha consciência de que havia algo vivo dentro de mim. Mas VOCÊ não sabe mesmo o que é não ter mais o bebê lá dentro! Vc não faz ideia do que é entrar numa clínica desse tipo.
Tudo bem, é tudo muito limpo e esterilizado, etc. Já fui ao médico e estou bem. Eu vou me cuidar, com certeza. Vou me cuidar muito porque EU QUERO TER FILHO AINDA e resolvi que quero mais de um, se possível. Mas a sensação de estar lá dentro, de saber que do outro lado daquelas portas tem um cara que estudou medicina pra tirar a vida de uma miniatura de ser humano, super indefesa... olha, é de dar nojo! Vc não sabe o que é isso e fique muito feliz por não saber, tá?

Para: samcandido@blueline.com.br
De: Tatiana Mendes Silva
Assunto: Mal-entendido

Sam, não fique tão nervosa, por favor. Eu quis dizer que nós poderíamos trocar de lugar. Só isso. Não fique assim, pelo amor de Deus.

Tati

Para: tatianam@popstar.com.br
De: Samara Lopes Cândido
Assunto:

Olha, Tatiana, vc não entendeu mesmo. Quer saber? ACHO QUE VC TAMBÉM É OUTRA EGOÍSTA. Vc só está pensando no seu corpo, nas suas estrias, na sua carreira, nos seus sonhos e mais nada. Será que vc perguntou pro Alex se ele está feliz com o bebê? Porque depois que o Eduardo fez aquilo comigo, eu estou dando o maior valor por Alex. Será que ele não merece um pouco mais de consideração? E os seus pais? Tudo bem, eles estão sofrendo, mas não te obrigaram a tirar o bebê como os meus fizeram, muito pelo contrário. Eles resolveram se sacrificar por sua causa! Vc acha que é fácil para eles? E os pais do Alex, que foram super legais? Eles poderiam deixar vc se virar, Tatiana. O filho deles é homem, vc não pensou nisso? Acho que vc não tem o menor amor por nada, nem por vc mesma.

Para: samcandido@blueline.com.br
De: Tatiana Mendes Silva
Assunto:

Samara, acho que vc não tem o direito de me julgar, ok? Quem é vc pra saber o que se passa dentro de mim? Quem é vc pra ficar me acusando? Juro que me arrependo muito de tudo que te contei, de ter revelado pra vc coisas que eu nunca contaria a ninguém. Mas se eu não posso ter uma única amiga sincera, se vc quer bancar a juíza da humanidade, bom proveito. Eu tô fora!

Para: tatianam@popstar.com.br
De: Samara Lopes Cândido
Assunto:

Eu também! Cansei! Cansei das suas críticas, do seu mau-humor, da sua insensibilidade! Pra mim, chega!

Para: samcandido@blueline.com.br
De: Tatiana Mendes Silva
Assunto:

Me esquece, ok? Me esquece mesmo!

Tatiana pensa...

Quem ela acha que é? É muito fácil me criticar, insinuar que eu sou insensível! Ela não faz ideia do quanto tudo é difícil pra mim. Tudo é muito pesado. A minha família está pesando, o Alex está pesando, os pais dele estão pesando... A barriga está pesando... Essa criança pesa toneladas, não para de crescer... A vida é um peso muito ruim de se carregar. Se eu pudesse voltar atrás, jamais teria feito isso, jamais teria me deixado levar pela paixão daquele momento. Ah, mas por que a atração é tão forte? Porque somos criados assim, com fogo nas veias, se esse fogo pode nos queimar para sempre?

Eu não consigo amar essa criança! Não consigo me emocionar, acho que sou um monstro. Devo ter algum problema de índole ou de caráter, deve ser isso. E agora estou condenada... Sim, condenada a abrir mão de tudo que sonhei, de tudo que sempre desejei, para passar o tempo trocando fraldas, fazendo mamadeiras, vendo crescer uma criança que eu simplesmente não amo. Vai ser uma tortura! E ela ainda se acha no direito de me julgar!

Para ela, é muito fácil. Tem papai e mamãe endinheirados, que sempre deram o maior conforto à filha única, que nunca precisou lavar um prato depois do jantar. É coisa de gente que nunca passou sufoco na vida e que vê problema onde não existe. Porque se os meus pais concordassem e se pudessem pagar por um... por um... aborto... pela solução do meu problema, eu iria correndo, iria mesmo. E depois disso, estaria livre para voar...

Dizem que quando a gente vê uma estrela cadente no céu, se fizermos um pedido somos atendidos. Bem, vou prestar atenção nisso todas as noites e se aparecer para mim uma estrela riscando o céu, claro que já sei o que vou pedir. Não tenho a menor dúvida! Um dia, quando chegar o momento, vou ter outros filhos. Mas agora, não.

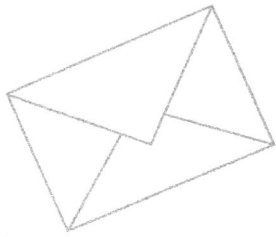

Quatro meses depois...

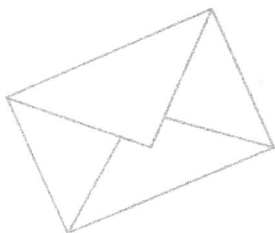

Capítulo 4

Para: tatianam@popstar.com.br
De: Samara Lopes Cândido
Assunto: Oi, Tati

Tati, já não suportava mais não ter notícias suas. Minha mãe sempre pergunta por vc, mas eu sou obrigada a dizer que não temos nos comunicado. Olha, nós duas estávamos muito mal naquela época, não dá pra levarmos em conta nada do que escrevemos, vc não acha? Gosto demais de vc, sinceramente. Por favor, se vc já me desculpou, responda, ok?

Beijo,
Sam

Para: samcandido@blueline.com.br
De: Tatiana Mendes Silva
Assunto: Oi, Sam

Sam, pensei muitas vezes em escrever, mas juro que não sabia qual seria a sua reação. Enfim, deixei o tempo passar. Mas também senti a sua falta. Acho que podemos recomeçar, não?

Tati

Para: tatianam@popstar.com.br
De: Samara Lopes Cândido
Assunto: Que bom falar de novo com vc!

Tati, quero muito notícias suas. Conte-me as suas novidades, depois eu conto as minhas.

Para: samcandido@blueline.com.br
De: Tatiana Mendes Silva
Assunto: Minhas notícias

Aconteceram muitas coisas nesses meses, Sam. Quase perdi o bebê! Olha, no dia em que eu vi o sangue na minha calcinha, me deu um negócio, sei lá. Saí correndo do banheiro e liguei pro Alex. Nem lembrei que minha família estava em casa, só lembrei dele. Meu pai saiu correndo, o jornal na mão, esbarrou na minha mãe, no Paulo Mala, na mesa da sala, parecia um doido. Quando o Alex chegou, eu já estava na garagem do prédio, a família toda em volta. Ele foi comigo até o hospital, ficou o tempo todo quase chorando.

Tive que fazer repouso por 15 dias, sem sair da cama. Foi aí que eu percebi o que realmente estava acontecendo comigo, sabe? Se eu realmente queria tanto não estar grávida, ali estava uma ótima oportunidade pra resolver o problema. Se eu não fizesse o repouso, se fosse andar de bicicleta na lagoa, se subisse umas ladeiras, tudo estaria resolvido. Mas naquele dia foi que eu descobri que queria muito o bebê, queria muito.

Quis tanto te contar isso, Sam! Mas não tive coragem de escrever, fiquei com vergonha. Vergonha de mim, de tudo que eu disse e senti, de todos os sentimentos ruins que nasceram dentro de mim. Vc estava certa, Sam, muito certa. E tudo que conversamos naquela época foi decisivo para que eu começasse a me compreender melhor.

O Alex ainda está meio bobo e morre de medo que eu passe mal. Não adianta explicar a ele que o perigo passou, ele continua apavorado. Sabe, eu não esperava que ele fosse se mostrar assim tão maravilhoso.

Estou imensa, Sam, pareço uma barrica. O bebê vai nascer daqui a um mês, imagine!

Beijos,
Tati

Para: tatianam@popstar.com.br
De: Samara Lopes Cândido
Assunto: Boas novas

Querida Tati,

Fico muito feliz com as suas notícias. Ainda bem que vc conseguiu superar aquela revolta. Eu não conseguia mais entender como é que vc podia mostrar-se tão fria, sem querer te criticar, de jeito nenhum. Mas que bom que vc está diferente!

Bem, a minha vida mudou muito, muito mesmo. Depois de tudo que passei, de tudo que fui obrigada a ouvir meu pai dizer sobre mim, decidi buscar minha independência. Consegui um emprego de meio expediente numa empresa de software. Trabalho das 3 da tarde às 9 da noite. O salário não é alto, mas é suficiente pra eu me sentir quase dona do meu nariz. Vc não imagina como é bom andar por esta cidade como uma trabalhadora! Aqui em Sampa só se fala em trabalho, Tati. As pessoas valorizam demais isso, sabe? Se vc não trabalha, quem é vc? Pois eu estou me sentindo uma cidadã do mundo, pela primeira vez na minha vida. Mas essa mudança não aconteceu do dia pra noite, não. Estou fazendo terapia. Não consegui segurar a barra sozinha. Quase pirei, de verdade, com toda aquela história. O Eduardo me procurou várias vezes. Queria voltar, o imbecil! Vc acha que eu conseguiria sequer encostar um dedo nele depois de tudo que acontecer, depois de tudo que ele me disse? Só se eu fosse muito sem-vergonha, Tati!

Com meu pai a briga ainda não acabou, mas eu estou conseguindo contornar todas as situações difíceis que ele cria pra mim. Primeiro, ele ignorava completamente o meu drama pessoal, agia como se nada tivesse acontecido e queria que eu fizesse a mesma coisa. Impossível, não? Mas ele não tem útero, minha amiga, nunca poderia se colocar no meu lugar, mesmo sendo meu pai. Depois, ele não queria que eu fosse trabalhar "numa empresa pequena, que apresenta poucas possibilidades de crescimento". Olha, eu tive que dizer, mil vezes, que grande ou pequena, pra mim o que importava era ter conseguido sozinha, com os meus próprios méritos. Claro que ele não entende essa linguagem e ainda tenta me convencer a trabalhar com ele. Deus me livre!

Minha mãe foi super companheira, eu nem esperava isso dela. A verdade é que nós fomos nos afastando muito com o tempo. Ia só pensava nas coisas que vc já sabe: roupas, perfumes, viagens, sapatos, marcas, amigas, reuniões, coisa nenhuma e etc. Mas depois que tudo aconteceu comigo, acho que ela está um pouco mais consciente do papel dela como mãe. É claro que ela ainda passa tardes inteiras fazendo compras, mas pelo menos a gente consegue conversar muito e eu estou descobrindo a pessoa que ela é.

Nossa, como escrevi! Acho que estava mesmo sedenta dessa nossa correspondência. Por hoje é só. Continuo na próxima.

Beijos,
Samara

Para: samcandido@blueline.com.br
De: Tatiana Mendes Silva
Assunto: Parabéns!

Sam, que maravilha tudo isso que está acontecendo pra vc, amiga! Que bom mesmo, de coração! Acho que nós mudamos muito mesmo. E quando é que vocês vão voltar pra cá? Tem alguma previsão? Morro de saudades todos os dias.

Tati

Para: tatianam@popstar.com.br
De: Samara Lopes Cândido
Assunto: Gosto de Sampa

Meu pai renovou o contrato com a empresa por mais 2 anos, Tati. Ou seja, não vamos voltar pro Rio agora, mas eu não estou triste com isso. Na verdade, até prefiro. Estou construindo a minha vida aqui, o meu espaço, a minha nova realidade. Acho que a única coisa boa que o Eduardo fez pra mim foi me apresentar a Sampa naquela época. Adoro esta cidade, Tati! Juro!
Sabe, quando a gente chega aqui não vê beleza nenhuma. Mas a beleza e o charme de São Paulo se mostram aos poucos, bem devagar. Quando a gente vê, já se apaixonou e não quer mais ir embora. Aqui vc encontra gente do mundo inteiro, tudo funciona, 24 horas por dia. É muito diferente do Rio, com certeza, mas eu já me acostumei. E gosto. Fazer o quê?
Até consegui fazer amigos no colégio! Eles demoraram a me aceitar, mas eu percebi que só depois que eu comecei a curtir São Paulo é que as coisas com eles mudaram. Sabe o que acontece? Nós, cariocas, temos o péssimo hábito de nos acharmos os melhores em tudo. E já olhamos para o resto das pessoas com um ar de superioridade insuportável. Juro, juro que é verdade. No fundo, a gente acha que não existem praias melhores do que as nossas, que o Rio é o melhor lugar do mundo pra viver, mas nada disso é verdade. Acho que precisamos gostar da nossa cidade, mas sem radicalizar. O Brasil inteiro tem lugares lindos, Tati. E, com certeza, existem muitas praias melhores do que as nossas. O Guarujá é lindo, Ubatuba é demais, acredite! Sei que vc não vai gostar nem um pouco do que

estou falando, mas aqui a gente aprende a pensar diferente, a conviver com gente de todos os tipos e de todos os lugares. Acho que estou crescendo.

Beijos,
Samara

Para: samcandido@blueline.com.br
De: Tatiana Mendes Silva
Assunto: Vc está nos traindo!

Puxa, Sam, quem diria? Vc, uma carioca típica, renegando sua terra natal? Não aceito isso! Acho que nem vou deixar meu filho te conhecer. Cuidado!
Gostei muito das suas notícias. Fico feliz de ver que vc está conseguindo dar um rumo legal pra sua vida. E reparei que agora só assina "Samara". Por quê?

Para: tatianam@popstar.com.br
De: Samara Lopes Cândido
Assunto: Baby

Isso é por causa do trabalho, Tati. Mas eu gosto. Prefiro que me chamem pelo meu nome completo: Samara. Faz com que me sinta mais velha, parece que está mais de acordo comigo, com o que sou agora.
Eu andava com muito medo de te perguntar sobre o bebê. Tinha medo de não conseguir olhar pra mim mesma, mas a terapia me ajudou a perceber que eu tenho que enfrentar isso. Então, me conte: como é sentir a barriga crescer?

Para: samcandido@blueline.com.br
De: Tatiana Mendes Silva
Assunto: Estado interessante

Olha, Sam... quer dizer, Samara, aprendi a separar duas coisas: a raiva por estar grávida, da gravidez em si. Vou falar das duas coisas separadamente, ok?

Raiva por estar grávida: vc não quer, não quer saber o que significa, não quer pensar no assunto, odeia tudo que se refira a ela. Vc faz de conta que não está acontecendo, o que é inútil, porque a realidade biológica lhe manda sinais a todo instante. Existe algo lá dentro, embora vc não queira. É horrível, eu pensava em morrer. Mas o mais gozado é que eu não pensava no bebê como um ser vivo, mas como um problema a ser resolvido. Na verdade, eu me recusava a pensar no meu filho, queria anular o fato de que ele é uma pessoa. Não sei se dá pra vc entender.

Gravidez em si: é um estado esquisito, porque o corpo muda a cada dia, a cada minuto, independente da sua vontade. Acho que, quando a mulher quer ter um filho, ela se sente completamente diferente desde o momento em que tem certeza. Sabe, é um sentimento estranho, novo... é quando a gente percebe que é completamente responsável por aquela nova vida. Tudo que vc comer, ele comerá também. Ele depende da gente pra tudo, o tempo todo. Eu só percebi isso quando quase o perdi. Demorei meses para lhe dar as boas vindas e, mesmo agora, às vezes eu penso em como vou conseguir criá-lo.

Sabe, eu me forcei a pensar nisso: como criá-lo, meu Deus, como? Quando vc para pra pensar em todos os detalhes, em tudo que realmente envolve a vinda de uma criança pro mundo, Sam, é uma loucura! Não é só a parte material, as fraldas, as roupas, as mamadeiras, não. É mais do que isso, é a preocupação com o tipo de criação que vamos dar a ele. Não sei se eu e o Alex estamos preparados pra essa responsabilidade, não sei mesmo. Na verdade, acho que não estamos. Mas teremos que aprender, Sam, porque a criança não vai esperar, ela vai seguir o rumo normal da vida, vai crescer, vai aprender a falar, vai ter vontades próprias, tudo isso.

Ah, estou ficando um pouco cansada. A barriga está pesando muito, sabe? Amanhã a gente continua.

Beijos,
Tati

Para: tatianam@popstar.com.br
De: Samara Lopes Cândido
Assunto: Enfrentando a vida

Tati, chorei muito quando li seu e-mail, mas não se preocupe. Foi um choro necessário. Sabe, acho que vai demorar muito tempo pra eu conseguir me livrar do remorso que ainda sinto. Sempre que vejo uma mulher grávida, penso em como a minha barriga estaria grande agora. Olha, é mais forte do que eu. Se vejo crianças na rua, fico querendo brincar com elas, feito uma tia bobona. Com os bebês, a coisa ainda é muito complicada. Eles me fazem pensar muito no meu, que não vai nascer. Escrever isso me dói demais, mas preciso enfrentar, preciso superar e perdoar a mim mesma. No fundo, eu sei que o que prevaleceu foi também a minha vontade. Eu fui covarde, fiquei apavorada com a idéia de ter que vencer um deserto sozinha. Claro que meu pai não iria me deixar na rua da amargura, mas eu sabia que não seria fácil. Tive medo, essa é a verdade. O medo de tê-lo venceu a vontade de ser mãe. Agora, preciso tocar a minha vida, Tati. Às vezes sinto que envelheci uns anos, não sei quantos.
Não estou infeliz, mas aonde vou carrego comigo essa culpa, esse remorso. Não tenho nem conseguido olhar pra ninguém, não dá. Lá na empresa onde eu estou trabalhando, tem um cara super demais, o Ronaldo. Ele é crânio em software, tem um super papo. Eu é que não me animo, fiquei com medo. Sei que isso é uma fase, mas não sei quanto tempo vai durar.
Mas me conte: vocês já estão comprando o enxoval do baby?

Beijos.

Para: samcandido@blueline.com.br
De: Tatiana Mendes Silva
Assunto: Baby não será vascaíno!

Olha, tia Sam, nós não queremos saber o sexo, mas o bebê já tem muitas coisas. Meus pais estão adorando a idéia de serem avós, apesar de não ter sido na hora que eles gostariam. Outro dia, meu pai chegou com uma micro camisa do Vasco. Eu disse a ele que, em primeiro lugar, nós não sabemos se é menino; em segundo lugar, que eu detesto o Vasco da Gama. Sempre fui flamenguista, pô! O Alex não liga muito pra futebol, mas eu ligo. Não vou deixar meu baby se influenciar pelo avô, de jeito nenhum. Os pais do Alex sempre telefonam, se mostram super interessados. O pai dele é mais carrancudo, mas é legal.

Nós decidimos que vamos continuar morando com nossos pais, eu na minha casa, ele na casa dos pais dele. Só quando tivermos condição financeira é que vamos morar sozinhos. Talvez isso demore um pouco pra acontecer, mas é a melhor solução. Claro que o Alex vai poder vir pra cá sempre que quiser. Eu tenho um quarto só meu, não tem problema. O mais importante pra nós é que o baby tenha saúde e seja perfeito.

Vc falou dos seus remorsos e eu preciso falar dos meus, Sam. Os bebês, mesmo quando estão ainda no útero da mãe, sabem de tudo que ela sente, sabem inclusive se são amados. Olha, quando eu quase o perdi, tive uma sensação estranha, como se ele soubesse que eu não o queria e estivesse tentando, realmente, "ir embora", me deixar. Foi uma sensação tão forte, tão real, tão triste! Parecia que ele estava me dizendo: "Tudo bem, se vc não me quer, eu vou, mas não quero que vc fique infeliz por minha causa." Chorei muito Sam, muito. Foi nesse momento que eu vi o quanto ele era importante pra mim. Foi depois disso que tudo começou a mudar de verdade.

Sabe, eu imagino que vc deve sentir-se péssima, como eu me sentiria se tivesse optado por outro caminho. Mas vc percebe que, a minha rejeição por ele também foi um tipo de aborto?

Eu o reneguei dentro de mim, só não cheguei às vias de fato e devo isso, com certeza, aos meus pais e aos pais do Alex. Acho que, enquanto eu viver, vou agradecer a Deus por isso.

Sabe, Sam, minha mãe diz que o tempo é o melhor remédio. Acredito nisso.

Beijos,
Tati

Para: tatianam@popstar.com.br
De: Samara Lopes Cândido
Assunto: Lágrimas

Tati, eu nunca me senti tão manteiga derretida como hoje em dia. Choro por causa de tudo. Mais uma vez chorei com seu e-mail. Mas chorei muito, tudo que vc escreveu foi lá no fundo da minha alma. Fiquei imaginando o que o meu bebê pensou na hora em que foi embora. Será que algum dia vou conseguir sair dessa? Será que vou conseguir me olhar no espelho sem enxergar essa sombra atrás de mim?

Para: samcandido@blueline.com.br
De: Tatiana Mendes Silva
Assunto: Revelações

Sam, se eu soubesse que vc ia ficar assim, nem teria escrito nada. Não quero te fazer sofrer mais. Acho que nós duas já estamos pagando o suficiente pela nossa irresponsabilidade. Amiga, levante a cabeça. Nós não somos as únicas com quem essas coisas acontecem.

Olha, a mãe do Alex me contou um segredo: quando ela estava com 19 anos, teve que fazer um aborto. Ela disse que, durante anos, carregou esse segredo e o remorso também. Foi por isso que ela insistiu tanto pra eu ter o bebê, porque ela já havia passado por uma situação igual no passado. Ninguém sabe disso, nem o Alex. Ela e o pai dele eram noivos, ela me disse que foi um sufoco, que ela quase morreu de infecção. Levou anos até ela superar aquela dor, aquela lembrança. Mas quando o Alex nasceu, ela sentiu como se tivesse sido perdoada, como se, de alguma forma, a criança estivesse voltando pra vida dela. Quando o Alex tinha 5 anos, nasceu o Gabriel. Ela ainda ficou grávida mais uma vez, mas perdeu, de forma natural.

Estou te contando isso pra vc entender que não adianta ficar alimentando e reforçando esse peso dentro de vc. Vc tem que olhar pra frente, curtir as coisas normais da vida, mas de uma forma legal, mais responsável.

Sabe, Sam, o tempo dos sonhos acabou. Mas se nós não tivéssemos cometido esses erros, acho que cometeríamos outros, sei lá. Não seja tão durona com vc mesma, tá? E, além de tudo, vc pode ter o consolo de estar linda, minha filha! Vc não tem que se preocupar com gordura localizada, ESTRIAS, dietas e óleo de amêndoas.

Beijo.
Tati

Para: tatianam@popstar.com.br
De: Samara Lopes Cândido
Assunto: Caridade

Puxa, Tati, como vc é minha amiga! Que bom que a gente conseguiu superar todas aquelas brigas imbecis! Me fez bem saber de tudo que vc contou. Sabe, acho que vc é mesmo uma superamiga e uma super irmã. Te agradeço muito, por tudo, tudo mesmo. Quanto aos cremes e óleos, acho que posso fazer a caridade de mandar algumas coisas importadas para vc. Ah, coisas que só se encontra em Sampa, amiga, mas não no balneário do Rio de Janeiro, ok?

Para: samcandido@blueline.com.br
De: Tatiana Mendes Silva
Assunto: Acho que detesto SP

Samara, por mais que eu goste de vc, não suporto esse seu jeito de falar do Rio, sabe? Balneário!? Que abuso! Aliás, acho que vc deve mesmo ficar de vez aí, no meio desse monte de concreto. Está bem de acordo com a sua nova personalidade! Mas aceito os cremes. Sem beijo,
Tatiana (se vc pode usar "Samara", eu vou passar a usar "Tatiana" porque já estou um pouco à sua frente no caminho da vida).

Para: tatianam@popstar.com.br
De: Samara Lopes Cândido
Assunto: São Paulo = eficiência

Tatiana, vc sempre vai ser a Tati pra mim. E eu sempre vou ser a Sam. Vou mandar tudo pelo correio na terça-feira. Sabe, o correio de São Paulo é muito mais eficiente.

Com beijo,
Samara

Tatiana pensa...

Estou tão pesada... Acho que não vai demorar muito para você chegar, meu bebê. Sinto vergonha, muita vergonha de todo o mal que te desejei. Será que você vai me perdoar algum dia, meu filho? Será que Deus vai me perdoar? Pensei tantas coisas horríveis... E me revoltei com o mundo, como se o mundo todo fosse culpado da minha gravidez, mas na verdade a única responsável fui eu mesma. Eu e o Alex, claro. Mas a responsabilidade de cuidar do meu corpo e de mim não era só dele. Era minha. E eu falhei. Irresponsável, tola, infantil e imatura que fui. Sou ainda, eu acho. E depois de fazer tudo errado, não satisfeita, descarreguei a minha raiva sobre você, meu bebê, que veio para mim porque nós te chamamos. Sim, eu e seu pai te chamamos naquele dia... E você nos ouviu.

A vida é o maior presente que se pode receber de Deus, que nos deu esse planeta onde viver, uma história para tecer, relações a construir, objetivos a alcançar. E tudo tem um propósito, hoje eu entendo isso perfeitamente. Mas, meu filho, eu era tão boba até "ontem", que você não deve levar em conta nada de ruim do que eu disse, desejei e pensei, Ok? Eu tive tanto medo... Tive muito medo de não ser capaz, de não estar apta a cuidar de mim e de você. Na verdade, bebê, eu nunca contei muito com o seu pai, sabe? Ele não faz ideia do que é ter um ser vivo dentro do corpo da gente. Nenhum homem sabe o que é isso.

Ainda bem que você mesmo me ensinou. Porque eu sei muito bem que você tentou me deixar porque eu não te queria... A medicina dá explicações lógicas e racionais para a "ameaça de aborto espontâneo", mas eu sei que era você tentando ir embora...

Ah, meu filho, muito obrigada por estar aqui comigo! Eu te amo tanto que nem sei como explicar... Descobri isso no dia em que a porta se abriu e eu te vi querendo sair da sua casa quentinha, que sou eu. Mamãe te ama, sabe? Eu vou aprender tudo que for preciso para fazer de você um super bebê, para que você seja um ser humano maravilhoso. Melhor do que eu sou, claro. E você será.

Acho que você está entendendo tudo que eu penso, porque está se mexendo tanto... De alegria, claro, porque estamos nos explicando um ao outro.

Eu te amo muito, meu filho... Acho que preciso comer alguma coisa porque você deve estar com fome... Vou chamar seu pai, ele...

Ai, bebê! Ai, bebê! Oh, Deus... Acho que... chegou a hora...

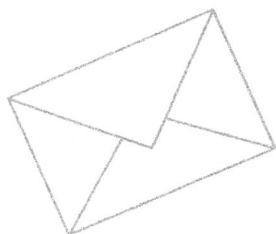

Capítulo 5

— Sam, telefone!

— Vou pegar aqui no quarto. Alô. Alex? Tudo bem? E a Tati? Hein? Quando? Meu Deus, jura? É mesmo? Nossa... E ela? É? Verdade mesmo? Tá tudo bem com eles? Puxa, que bom! Tô muito feliz, Alex. Parabéns, viu? Claro, claro que sim. Ah, eu também... claro, fala pra ela não se preocupar, de jeito nenhum. Ah, assim que der eu vou, com certeza. Diz a ela que eu tô muito feliz, viu Alex? Muito feliz mesmo! Um abraço. Obrigada por ter ligado. Parabéns pra todos. Tchau.

Para: tatianam@popstar.com.br
De: Samara Lopes Cândido
Assunto: Felicidade!

Querida Tati, quando o Alex ligou contando que o Diego havia nascido, eu juro que senti uma coisa forte dentro de mim, na minha barriga. Acho que nessa hora, depois de tudo que nós passamos juntas, qualquer palavra seria completamente inútil. Sei que vc sabe que eu estou feliz demais por vocês.
Sei que vc não vai nem lembrar o que é computador por algum tempo, mas eu vou deixando aqui as minhas mensagens. Assim, quando vc puder, poderá se atualizar de uma só vez com as minhas notícias.

Vou esperar um tempo pra ir te ver, acho que essa fase é meio delicada ainda, o Diego ainda é muito pequeno, né? E vc terá que se acostumar a muitas coisas novas, amiga. Te amo, minha irmã. Que Deus abençoe vc, o Alex e o Diego.

Com felicidade,
Sam

Para: samcandido@blueline.com.br
De: Tatiana Mendes Silva
Assunto: O Diego tb te ama

Querida Sam, pedi pro Alex digitar essa mensagem pra vc. Ele me perguntou por que eu não queria usar o telefone, seria mais simples. Mas ele não sabe de nada, né Sam? Sei que vc está feliz. Sinto isso daqui. O Diego também sabe e te manda muitos beijos.

Sam, ele é muito lindo. Estou tão feliz de poder dizer MEU FILHO! Acho que eu nunca poderia descrever em palavras o que é isso!

Estamos esperando por vc. Venha logo, o Diego quer muito te conhecer. E a mãe dele sente muitas saudades.

Vou estar mesmo muito ocupada com essa minha nova vida, mas tem tanta gente pra me ajudar a cuidar dele, que vou ter tempo pra gente continuar nossas conversas, não se preocupe. Só não prometo escrever todos os dias, ok?

Com muito amor,
Tatiana

Para: tatianam@popstar.com.br
De: Samara Lopes Cândido
Assunto: Mundo dos negócios (Tb amo o Diego)

Tati, estou me saindo super bem no trabalho. Nem eu estou acreditando. Meu chefe vive me elogiando pra todo mundo. Se ele não fosse casado e se não tivesse uns 48, eu até poderia desconfiar. Mas que nada, ele é muito gente mesmo. E aposta muito na minha geração. Acho que, no próximo ano, se tudo der certo, vou trabalhar em tempo integral e estudar à noite. Ainda não falei nada disso pro meu pai, acho que ele vai querer morrer. Ela já está falando dos planos sobre Londres, etc, mas eu não quero fazer essa viagem agora. Acho que não é o momento. E o meu sobrinho? Como está? Vc está cuidando dele direito?

Com saudade,
Sam

Para: samcandido@blueline.com.br
De: Tatiana Mendes Silva
Assunto: New Mom

Sam, as minhas aventuras como mãe só vou contar pessoalmente. Isso é pra ver se vc vem logo, claro. É chantagem emocional mesmo. Mas será que vc não pode reservar um fim de semana pra nós? Por favor!
E os gatos? Nada de novo?

Beijos,
Tati

Para: tatianam@popstar.com.br
De: Samara Lopes Cândido
Assunto: Em breve, irei

Sabe, amiga, os gatos existem, mas eu ainda não estou disponível pra eles. Sobre eu ir pro Rio, vou com certeza. A gente vai combinar, ok?

Com saudade também,
Sam

Para: samcandido@blueline.com.br
De: Tatiana Mendes Silva
Assunto: Que descaso é esse?

Samara, o Diego já está com um mês e meio e vc ainda não o conhece! Puxa, eu queria tanto colocar ele no seu colo, pra ele saber que a tia Sam é tudo aquilo que eu vivo dizendo... quando é que vc vem?

Para: tatianam@popstar.com.br
De: Samara Lopes Cândido
Assunto: Prometo que vou, amiga

Tati, não fique triste comigo, ok? Ainda não estou conseguindo combinar meus horários. Como o trabalho me toma muito tempo, tenho que estudar nos finais de semana. Não posso e não quero ficar reprovada. Mas a gente tem muito tempo pra se ver, Tati. Fique tranquila, eu estou super bem mesmo.

Beijos,
Sam

Para: samcandido@blueline.com.br
De: Tatiana Mendes Silva
Assunto: Vou continuar esperando...

Sam, eu não vou ficar insistindo mais. Quando der, a gente vai estar aqui te esperando, amiga. Te adoro, minha irmã.

Para: tatianam@popstar.com.br
De: Samara Lopes Cândido
Assunto: Verdades e boas notícias

Minha amiga, vc é uma pessoa sensível e tenho certeza de que, nada do que eu vou contar (pelo menos uma parte) vai ser novidade pra vc. Sabe, eu estava com muito medo de ir ver vocês. Por causa desse medo, fiquei tantos dias sumida do e-mail. Já sei, vc está balançando a cabeça de um lado pro outro e se sentindo meio traída, meio magoada comigo. Mas não fique assim, Tati.

Eu estava com um medo paralisante de conhecer o Diego. Apesar de toda a enorme vontade de segurar ele no meu colo, de aprender a dar mamadeira, de ajudar a bar banho... Sabe, eu estava com muito medo de não conseguir, de ter uma crise de choro e de acabar com o nosso encontro, de estragar tudo. Não era fácil imaginar que o meu bebê poderia estar quase como o seu.

Eu estava pensando muito nisso, em como poderia resolver esse dilema, porque nós somos amigas, somos irmãs e não seria justo que vc pensasse que eu estava meio que renegando o Diego. Não era nada disso, mas eu não sabia como te explicar. Mesmo achando que vc desconfiava disso, com o tempo poderia ficar muito magoada e, até mesmo, bastante ofendida comigo e com toda a razão.

Resolvi esperar, talvez a terapia me ajudasse a resolver, mas o tempo ia passando e nada acontecia. Até que um dia, por coincidência (ou não?), eu conheci a irmã do Ronaldo, aquele que é gato e que trabalha na mesma empresa que eu, lembra? Ela é simpática, está de viagem marcada para os Estados Unidos, vai passar 1 ano lá, estudando Inglês. O Ronaldo, claro, aproveitou a presença da irmã pra tentar se aproximar de mim (eu ainda estava meio porco-espinho) e nos convidou pra tomar um café, etc. Sabe aquele velho papo de começo de paquera? Pois é, eu fiquei sem jeito de dizer não e fui. Foi a melhor coisa que fiz até hoje na vida, Tati!

A irmã dele se chama Bianca, tem 22 anos e é muito, mas muito legal. Bem, pra resumir, conversamos sobre o curso que ela vai fazer, sobre viagens e outras coisas. Aí, num certo momento, ela disse que estava preocupada porque faz um trabalho voluntário com crianças carentes e ainda não tinha conseguido uma substituta pro lugar dela. O Ronaldo, então, me explicou que a instituição poderia indicar uma outra pessoa porque, hoje em dia, muita gente está se dispondo a ajudar, mas que a Bianca queria poder, ela mesma, fazer a indicação. Eu perguntei por que e ela me respondeu que esse é um trabalho muito sério, que as crianças se apegam muito, que ela queria indicar alguém que demonstrasse um desejo real e sincero pelas crianças. Eu argumentei que, com certeza, a instituição poderia fazer uma boa triagem dos candidatos. Ela disse que sim, mas que até o último momento iria tentar, porque queria olhar nos olhos dessa pessoa e ter a certeza de que deixaria "suas" crianças em boas mãos.

Tati, na hora em que ela disse isso eu senti como se fosse uma luz vindo do céu na minha direção. Olha, foi tão estranho, que por uns minutos eu esqueci deles, de onde eu estava, de quem eu era e viajei. Parece loucura, mas eu me vi num outro lugar, longe dali e eu estava feliz.

Acho que eles pensaram que eu estava passando mal, até porque os meus olhos estavam úmidos. Quando eu "voltei pra Terra", a única coisa que eu consegui dizer foi: "Eu quero ficar no seu lugar."

Olha, ela levou um susto e tanto, o Ronaldo nem se fala. Se ela começasse a fazer mil perguntas, eu juro que não saberia o que responder. Mas ainda bem que ela teve a sensibilidade de perceber que não precisava. O que eu queria e porque queria estava escrito na minha testa. A única coisa que ela fez foi segurar as minhas mãos e sorrir. Não sei o que foi que ela entendeu, mas o que importa é que deu certo.

Tati, nem sei se vc está com paciência pra ler este e-mail imenso, mas eu não podia pular os detalhes. Quero compartilhar com vc esse momento tão maravilhoso da minha vida.

Faço esse trabalho sempre aos sábados, pela manhã. No primeiro dia, eu pensei que fosse desmaiar de ansiedade, mas assim que fui apresentada às crianças, senti que estava, finalmente, no meu lugar. Olha, as minhas aventuras com eles, só vou contar pessoalmente, tá? Mas quero que vc saiba que eu estou muito feliz. Sabe, depois de estar convivendo com eles, não consigo imaginar como é que existem pais que abandonam seus filhos, que batem neles, que têm coragem de maltratá-los. As crianças são tão puras, tão inocentes... A única coisa que querem é alegria, atenção, amor. E eu descobri que é tão fácil dar isso, é tão maravilhoso dedicar algumas horas da nossa vida pra eles... Sabe, mesmo depois que eu tiver filhos, já decidi que vou adotar um. É muito injusto que tantas crianças não tenham direito a uma vida normal, numa família normal, com pais e irmãos a quem amar.

Desde o primeiro dia, aquele peso, aquele remorso, sumiram de dentro de mim. Acho que o meu filho, aquele que eu não tive, está bem contente comigo, sabe? Ele está vendo que eu estou sendo capaz de dar, a muitas crianças, o amor que ele desejava. E eu estou em paz.

Com carinho,
Samara

Para: samcandido@blueline.com.br
De: Tatiana Mendes Silva
Assunto: Vc me emocionou!

Querida Sam, nem sei o que te dizer... Sabe, desta vez, quem chorou fui eu. Estou tão feliz, tão contente, tão orgulhosa de vc! O Diego também, ele está muito feliz.

Olha, minha amiga, acho que agora a gente pode se encontrar. Eu já desconfiava que vc estava sem coragem, mas estava respeitando o seu momento.

Também estou aprendendo muito, Sam. A gente não sabia nada sobre a vida, mas achávamos que o mundo era nosso e que poderíamos fazer tudo, não? Não sei se o caminho que nós escolhemos pra crescer foi o melhor. Ainda acho que não. Mas, apesar de tudo, estamos conseguindo nos sair bem, concorda?

O Diego está lindo. Sei que sou muito coruja com ele, mas vc vai ver como ele é realmente lindíssimo. Sabe, o mais fantástico dessa história de ser mãe é observar, dia após dia, o nascimento da personalidade deles. É incrível, mas ele já tem gostos, vontades, mau humor, bom humor, manias... até parece um rapaz! Tudo bem, descontando-se os exageros, a gente se sente realmente parte da natureza e do universo. Eu olho pro Diego e ainda não acredito que fui eu quem o pôs no mundo. Graças a Deus que ele está aqui.

Mas, como nem tudo é alegria, eu e o Alex estamos querendo morar sozinhos o quanto antes. É muito difícil morar com meus pais, não temos privacidade alguma e todo mundo se acha no direito de dar palpites, principalmente quando se trata do Diego. Até os pais dele se metem, Sam! Não saem mais daqui de casa e tem horas que eu fico de saco cheio mesmo. Mas ainda vamos ter que esperar um tempo, não tem jeito. Olha, despesa de criança é uma coisa... indescritível! Só quem tem sabe o que é isso. Pôr filho no mundo é barra, barra mesmo, Sam. Ninguém deveria ter filhos sem pensar muito antes.

Eu e o Alex descobrimos que o Diego é o resultado do que sentimos um pelo outro. Apesar de todas as tempestades, nós estamos sobrevivendo, Sam. É claro que a relação mudou. Junto com a gente existe o Diego, não somos mais "nós dois". Aliás, nem tivemos tempo de curtir a fase do "nós dois sozinhos" e isso não foi bom. Todos os casais deveriam seguir o caminho normal: paquera, namoro e casamento (se valer a pena). O que aconteceu com a gente não foi bom, foi cedo demais. Eu amo o meu filho, mas gostaria de ter tido mais tempo pra curtir o Alex, o namorado. Não deu.

Ainda não consegui ter o meu corpo de volta. Engordei 13 quilos durante a gravidez e está duro perder. O Alex diz que eu estou mais bonita, que eu era muito magra, mas eu não acredito nisso. Na maior parte das vezes, faço ele apagar a luz do quarto. Essa é uma das lutas que eu vou precisar vencer: diminuir o peso. Mas não estou infeliz, amiga, fique tranquila. Quando é que vc vem? Não aceito outra fuga.

Beijos,
Tatiana

Para: tatianam@popstar.com.br
De: Samara Lopes Cândido
Assunto: Me aguarde! Tô chegando!

Tatiana, amiga! No próximo sábado estarei aí. Vou deixar de ver os meus sobrinhos daqui pra conhecer o meu sobrinho n. 1, o meu carioquinha querido, ok? Me aguardem! Beijos.

Samara pensa...

Não adianta fugir, vou ter que enfrentar isso em algum momento. Então, que seja agora! Mas ainda é tão doloroso... Acho que essa dor no meu peito nunca vai passar. Mesmo que eu tenha vinte filhos, esse teria sido o primeiro, o primogênito. O primeiro presente que recebi de Deus e da vida, e que deixei partir tão cedo... Quando penso nas mães que têm seus filhos sequestrados e mortos, ou naquelas que perdem os filhos para a doença, para a fome, minha vontade é me atirar aos pés delas pedindo perdão...

E não adianta tentar culpar ninguém, a responsabilidade pelo erro é toda minha, e somente minha. Mesmo que meus pais me amarrassem, mesmo que me batessem tentando me forçar a fazer o que fiz, eu poderia ter escolhido não fazer. Então, eu mesma sou responsável, mais ninguém.

E um dia, quando eu morrer, será que o encontrarei em algum lugar? E se isso acontecer, como poderei olhar nos olhos dele sem me sentir a pior das mulheres? O que lhe direi? Que eu era uma tola, imatura e covarde? E que por isso ele deverá me aceitar mesmo assim? Idiota, ele sequer olhará na minha direção...

Sei que não tenho o direito de te chamar assim, mas... Meu filho, me perdoe. Você é um anjo, aonde quer que esteja. Então, por favor, me perdoe. Eu te amo muito, de toda a minha alma, de todo o meu coração. Meu pequeno anjo lindo... Eu te amo, e te amarei sempre. Sempre que eu cuidar de crianças, estarei cuidando de você. Sempre que eu abraçar um bebê solitário, estarei abraçando você. Sempre que eu fizer algo de bom por qualquer criança neste mundo, estarei amando e respeitando você, meu filho querido. Eu juro.

Epílogo

— Olha quem tá aqui, Diego! A tia Beth M.!!

— Que Beth M.?

— Foi o nome que o Paulo Mala, o tio dele, deu pra você.

— Paulo, de onde você tirou isso?

— Pô, outro dia eu tava assistindo aquele seriado antigo, A Feiticeira. Aí, eu achei que a atriz, Elizabeth Montgomery, me lembrava alguém: você!

— Pô, muito obrigada! Nem sei se isso é um elogio ou não...

— Sam, segura o Diego, vai.

— Calma, Tati. Deixa ele se acostumar comigo primeiro.

— Ele já te conhece. Já mostrei sua foto pra ele.

— Qual foto?

— Aquela da piscina, no dia do campeonato de natação, lembra?

— Justo aquela, Tati? Não tinha outra melhor?

— É que o Diego já um homem de verdade, Sam e ele queria ver você, assim, mais naturalmente.

— É, estou vendo que vocês estão se preparando pra criar mais um machão carioca!

— Hi, Diego, sua tia Sam virou paulista, a gente tinha esquecido!

— Vem cá, meu fofo, deixa esse pessoal chato pra lá.

— Sam, o Paulo Mala mudou de nome.

— Ah, é?

— É. Agora, ele é o Paulo Berço.

— Por quê?

— Porque não sai do lado do berço do Diego. A dedicação dele é tão grande, que ele vai ser o padrinho do nosso filhote.

— Legal! Você gostou disso, hein Diego?

— Bom, a madrinha, claro, vai ter que mostrar que merece esse presente.

— E quem é a madrinha?

— Samara! Pelo amor de Deus!

— Que é, Tati? Ah, para de falar! Deixa eu curtir o meu sobrinho, né Di?

— Sam, a madrinha dele é você! Por favor!

— Eu?

— Meu Deus! Quem você pensou que fosse?

— ...

— Sam?

— ...

— Sam, vamos lá pro quarto. Gente, dá licença, ok? Daqui a pouco a gente volta.

— Tati...

— É, eu vi que você ia começar a chorar, por isso vim pra cá. Acho que você não ia aguentar os meus irmãos se chorasse na frente deles.

— Jura, Tati? Jura que ele vai ser meu afilhado?

— Sam, quem foi que me deu a maior força para que ele nascesse? Quem se preocupou em fazer mil navegações na Internet, procurando sites sobre bebês? Quem deu a ele o primeiro par de sapatos, hein? Não tem outra pessoa para ser a madrinha do Diego! Ah, o parzinho de sapatos já não serve, mas eu guardei, tá? Sam... para de chorar, vai assustar o Diego...

— Ah, Tati, estou tão feliz... Tão feliz...

— Vem aqui, me dá um abraço, vai.

— O Diego tá no meio da gente.

— E sempre vai estar, Sam, mas nunca separando, sempre unindo. E quando você tiver o seu, quem sabe não será uma menina? Quando eles crescerem, poderão namorar...

— Você tá parecendo aquelas mães de antigamente, que combinavam os casamentos dos filhos antes deles nascerem... Lembra que nós estudamos isso?

— Lembro, claro. Sabe que, no fundo, não é uma ideia ruim?

— Tati, e o colégio?

— Bem, por um tremendo golpe de sorte eu consegui passar. Quase fiquei pendurada em Química, pra variar, mas deu tudo certo. Já mudei de colégio e de turno. Vou estudar à noite, Sam. E quero arrumar um emprego, o quanto antes. Eu e o Alex precisamos ter a nossa vida. Ele já tem uma possibilidade de trabalho, com a indicação de um amigo do pai dele. Mas a gente vai ter que começar do zero.

— E o Diego? Como vai ser?

— Minha mãe vai ficar com ele durante o dia, depois que eu começar a trabalhar.

— E à noite?

— Acho que à noite também. Mas, eu não quero parar de estudar, vou fazer o possível pra continuar, Sam.

— Sabe, Tati, lembra de quando eu fui pra São Paulo?

— Lembro.

— Puxa, como a gente era... sei lá... diferente, não?

— Imaturas, você quer dizer?

— É, acho que é isso.

— Sam, se eu soubesse o quanto a vida é seria, que uma atitude errada na hora errada pode gerar consequências pro resto da vida...

— Você teria considerado os perigos, as armadilhas do caminho.

— É. É isso. Eu teria considerado.

— E eu poderia ter descoberto esse trabalho com as crianças de outro jeito.

— É. Poderia.

— Mas não adianta lamentar, né Tati? Agora, você tem essa coisa linda que é o Diego. E eu ganhei um afilhado!

— Muitos afilhados, Sam.

— Muitos, é verdade. Sabe que você pode me ajudar, Tati?

— Ajudar como?

— A gente pode pensar em uma campanha de auxílio a crianças carentes!

— Sam, não sei se eu vou ter tempo. Juro, não é má vontade, mas...

— Tati, a gente sempre pode encontrar um jeito. Com boa vontade...

— Mas se eu assumir um compromisso assim, não vou poder furar. É sério isso, Sam!

— Olha, Tati, em São Paulo as pessoas trabalham muito, mas tem muita gente prestando serviços pra comunidade.

— Lá vem você com esses paulistas...

— É verdade, Tati! Quer saber? Os paulistas são muito mais engajados do que o povo daqui.

— Hi, vai começar... Será que você nunca ouviu falar das ações comunitárias das escolas de samba, do projeto "Amigos da escola?" Em que planeta você mora, Sam?

— Tati, em são Paulo é diferente. Sabe, na Avenida Paulista tem um lugar...

— Diego, meu lindo, vamos comer? Meu amorzinho já tá com fome? Hein? Mamãe vai te dar uma mamadeira das arábias! Vem, amor. Deixa a tia Sam pra lá, ok?

— Tati, é verdade! Em São Paulo...

Elas conversaram muito, durante muito tempo. Riram, acarinharam Diego, gargalharam, implicaram um pouco uma com a outra, passearam, se divertiram. Mas ambas sabiam que o tempo das bonecas havia passado e que agora eram mulheres adultas de verdade. E sabiam também que a vida, assim como a terra, nos entrega exatamente o fruto da semente que plantamos, em uma relação lógica, coerente e sábia. Elas realmente não eram mais as mesmas, tinham se tornado melhores e totalmente conscientes de seu papel no mundo.

Samara entendeu que toda vida e sagrada e que as nossas próprias escolhas determinam cada um de nossos passos ao longo do tempo. E Tatiana também. Elas nada precisavam dizer claramente, pois o entendimento estava explícito nos olhos de ambas.

E porque não precisavam dizer nada, já que suas almas estavam em paz, Tatiana, com um sorriso, entregou a Samara uma folha de papel. Elas estavam caminhando à beira-mar, em Copacabana. Era fim de tarde e o céu completamente azul parecia ainda mais belo do que em outros dias.

Samara sorriu para a amiga e desdobrou a folha para ler. Por um instante, Tatiana sentiu medo de ferir seus sentimentos, mas ao mesmo tempo sabia que ela compreenderia a mensagem, que, na verdade, era destinada a ambas.

Era o trecho de um poema de Carlos Drummond de Andrade. Simples, verdadeiro e completamente visceral em sua simplicidade.

Samara leu e sorriu, enquanto uma lágrima escorria em seu rosto. Tatiana a abraçou. Nada mais precisava ser dito.

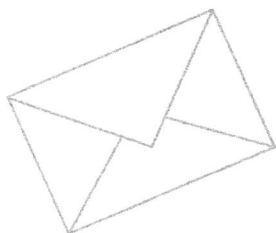

Passagem do Ano

O último dia do ano
não é o último dia do tempo.
Outros dias virão (...)
e novas coxas e ventres te comunicarão o calor da vida.
Beijarás bocas, rasgarás papéis,
farás viagens e tantas celebrações
de aniversário, formatura, promoção, glória, doce morte com
sinfonia
e coral,
que o tempo ficará repleto e não ouvirás o clamor,
os irreparáveis uivos
do lobo, na solidão.
O último dia do tempo
não é o último dia de tudo.
Fica sempre uma franja de vida
onde se sentam dois homens.

(Carlos Drummond de Andrade)

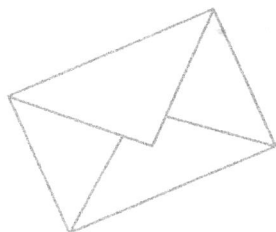

Sobre a autora

Nasci no Rio de Janeiro, no bairro de Botafogo. Sou carioca e me orgulho disso, pois a minha cidade pode não ser a mais bela do mundo (pois temos milhares de problemas por aqui, que embaçam toda essa beleza, e a maioria deles de difícil solução...), mas é linda, linda demais, especialmente no verão.

Esse meu amor pelo Rio amadureceu aos poucos, ao longo dos anos, e posso me considerar uma carioca atípica, pois morei em São Paulo e... simplesmente eu amo Sampa, quase como se tivesse nascido lá. Pois bem: cariocas e paulistas sabem muito bem que isso é incompreensível! Segundo a tradição, não se pode amar as duas cidades, tão diferentes embora próximas. Já não me importo com esses rótulos e digo sempre que "amo São Paulo assim como amo o Rio", andando de uma para outra sempre que dá. E amá-las, a ambas, me dá o direito de circular livremente por suas paragens. É o que faço.

Cursei Letras e, para quem ama a literatura, não poderia haver nada melhor do que viver cercada de livros, muitos livros.

Adoro a internet e o que me fascina na Rede é a possibilidade real que adquirimos de nos comunicar com as pessoas, estejam onde estiverem, não importando as distâncias. Isso é maravilhoso e me considero privilegiada por viver nesta era, a Era da Informação. E adoro escrever para os jovens, que são as sementes do futuro, plantadas hoje. Quero contribuir, sempre, para que o plantio seja afortunado.

www.janainavieira.com

Outras obras

  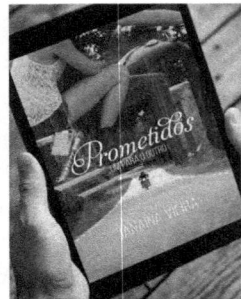

.